군무원
15일완성

전산직

군무원
15일완성 전산직

| 초판 1쇄 발행 | 2021년 5월 26일 |
| 2쇄 발행 | 2022년 2월 23일 |

편 저 자 | 공무원시험연구소
발 행 처 | ㈜서원각
등록번호 | 1999-1A-107호
주   소 | 경기도 고양시 일산서구 덕산로 88-45(가좌동)
교재주문 | 031-923-2051
팩   스 | 031-923-3815
교재문의 | 카카오톡 플러스 친구[서원각]
영상문의 | 070-4233-2505
홈페이지 | www.goseowon.com
책임편집 | 정유진
디 자 인 | 이규희

PREFACE

군무원이란 군 부대에서 군인과 함께 근무하는 공무원으로서 신분은 국가공무원법상 특정직 공무원으로 분류된다. 군무원은 선발인원이 확충되는 추세에 따라 지원자도 많아지며 매년 그 관심이 높아지고 있다. 특히 군무원은 특별한 자격이나 면허가 별도로 요구되지 않으며 연령, 학력, 경력에 제한 없이 응시할 수 있다(11개 직렬 제외). 또한 공통과목인 '영어' 과목은 영어능력검정 시험으로 대체, '한국사' 과목은 한국사능력검정시험으로 대체되어 9급의 경우 직렬별로 요구되는 3과목만 실시한다.

본서는 9급 군무원 전산직 시험 과목인 국어, 컴퓨터일반, 정보보호론의 출제 예상문제를 다양한 난도로 수록하고 있다. 15일 동안 총 300문제를 통해 자신의 학습상태를 점검할 수 있도록 구성하였다. 시험 직전, 다양한 유형의 문제를 풀어봄과 동시에 상세한 해설을 통해 주요 이론을 반복 학습하면서 매일 매일 실력을 향상시킬 수 있다.

1%의 행운을 잡기 위한 노력! 본서가 수험생 여러분의 행운이 되어 합격을 향한 노력에 힘을 보탤 수 있기를 바란다.

STRUCTURE

Day 1

자기 맞춤 학습 플랜

매일 매일 과목별로 자신만의 학습 플랜을 만들어 학습할 수 있도록 구성하였습니다. 자기 자신만의 속도와 학습 진도에 맞춘 학습 플랜을 통해 보다 완벽한 계획을 세울 수 있습니다.

하루 20문제

하루 20문제의 다양한 영역, 다양한 유형의 문제를 학습하고 자신만의 오답노트를 만들어 최종 마무리까지 단 한 권으로 완성할 수 있습니다.

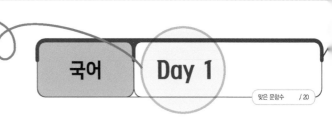

1 다음 제시된 단어 중 표준어는?

① 촛점 　　　　　　　　② 구렛나루
③ 재털이 　　　　　　　④ 꺼림직하다

🔊 **Point** ④ '꺼림직하다'는 과거 '꺼림칙하다', '께름칙하다'의 비표준어였으나 2018년 국립국어원에서 표준어로 인정하였다.
① 초점　② 구레나룻　③ 재떨이

2 다음 밑줄 친 단어와 같은 의미로 쓰인 것은?

충신이 반역죄를 쓰고 감옥에 갔다.

① 밤에 비가 오니 우산을 쓰고 가거라.
② 광부들이 온몸에 석탄가루를 까맣게 쓰고 일을 한다.
③ 그는 마른 체격에 테가 굵은 안경을 썼고 갸름한 얼굴이다.
④ 뇌물 수수 혐의를 쓴 정치인은 결백을 주장했다.

🔊 **Point** 밑줄 친 부분은 '사람이 죄나 누명 따위를 가지거나 입게 되다.'라는 의미로 사용되었다.
① 산이나 양산 따위를 머리 위에 펴 들다.
② 먼지나 가루 따위를 몸이나 물체 따위에 덮은 상태가 되다.
③ 얼굴에 어떤 물건을 걸거나 덮어쓰다.

» ANSWER
1.④ 2.④

매 문제마다 상세한 해설을 달아 문제풀이만으로도 학습이 가능하도록 하였습니다. 오답분석을 통해 자신의 취약한 부분을 파악하여 보다 효율적으로 학습할 수 있습니다.

15 다음 〈보기〉의 규칙이 적용된 예시로 적절하지 않은 것은?

〈보기〉

한자음 '녀, 뇨, 뉴, 니'가 단어 첫머리에 올 적에는, 두음 법칙에 따라 '여, 요, 유, 이'로 적는다.
단, 접두사처럼 쓰이는 한자가 붙어서 된 말이나 합성어에서는 뒷말의 첫소리가 'ㄴ'으로 나더라도 두음법칙에 따라 적는다.

① 남존여비
② 신여성
③ 만년
④ 신연도

📢(Point) ④ '신년도, 구년도' 등은 발음이 [신년도], [구ː년도]이며 '신년-도, 구년-도'로 분석되는 구조이므로 이 규정이 적용되지 않는다.

💡 **Plus tip** 한글 맞춤법 제3장 제10항 두음법칙

한자음 '녀, 뇨, 뉴, 니가 단어 첫머리에 올 적에는, 두음 법칙에 따라 '여, 요, 유, 이'로 적는다.
(ㄱ을 취하고, ㄴ을 버림)

ㄱ	ㄴ	ㄱ	ㄴ
여자(女子)	녀자	유대(紐帶)	뉴대
연세(年歲)	년세	이토(泥土)	니토
요소(尿素)	뇨소	익명(匿名)	닉명

다만, 다음과 같은 의존 명사에서는 '냐, 녀' 음을 인정한다.
냥(兩) 냥쭝(兩-) 년(年)(몇 년)

[붙임 1] 단어의 첫머리 이외의 경우에는 본음대로 적는다.
남녀(男女) 당뇨(糖尿) 결뉴(結紐) 은닉(隱匿)

[붙임 2] 접두사처럼 쓰이는 한자가 붙어서 된 말이나 합성어에서, 뒷말의 첫소리가 'ㄴ'소리로 나더라도 두음 법칙에 따라 적는다.
신여성(新女性) 공염불(空念佛) 남존여비(男尊女卑)

[붙임 3] 둘 이상의 단어로 이루어진 고유 명사를 붙여 쓰는 경우에도, 붙임 2에 준하여 적는다.
한국여자대학 대한요소비료회사

>> ANSWER
15.④

Plus Tip

문제와 연관된 학습 Tip을 함께 수록하였습니다. 문제풀이와 동시에 다양한 이론을 학습하여 기본기를 완벽하게 다질 수 있도록 구성하였습니다.

...의 상황어

(Point) ③ 2연에 나타난 모...
사람들과 동물들 ...
① 1연에 나열되는 사...
덕불로 타오르는 ...
민족의 공통체적 ...
계를 따지지 ...

...를 회상하며 할아버...

💡 **Plus tip** 백석의 「모닥불...
㉠ 갈래 : 현대시, 서정시, 신...
㉡ 성격 : 회상적, 산문적
㉢ 제재 : 모닥불
㉣ 주제 : 조화와 평등의 공동...
㉤ 특징
• 근대적 평등 의식이...
연결의 방식으...

STUDY PLANNER

15일 완성 PLAN

 학습에서 제일 중요한 것은 계획적으로 진행하는 것입니다.
하루 20문제! 과목별, 날짜별 자신만의 학습계획을 만들어보세요. 각 문제마다 자신만의 필기노트를 완성해보세요.

1일차 월 일	2일차 월 일	3일차 월 일	4일차 월 일	5일차 월 일
6일차 월 일	7일차 월 일	8일차 월 일	9일차 월 일	10일차 월 일
11일차 월 일	12일차 월 일	13일차 월 일	14일차 월 일	15일차 월 일

5일 완성 PLAN

 15일 플랜이 끝난 후, 5일간의 최종 복습 플랜으로 탄탄한 실력을 쌓아보세요.

1일차 월 일	2일차 월 일	3일차 월 일	4일차 월 일	5일차 월 일

CONTENTS

PART 01 국어

DAY 1 10
DAY 2 22
DAY 3 36
DAY 4 48
DAY 5 63

PART 02 컴퓨터일반

DAY 6 76
DAY 7 88
DAY 8 102
DAY 9 114
DAY 10 126

PART 03 정보보호론

DAY 11 140
DAY 12 154
DAY 13 166
DAY 14 180
DAY 15 194

PART I

국 어

1 다음 제시된 단어 중 표준어는?

① 촛점　　　　　　　　　　② 구렛나루

③ 재털이　　　　　　　　　　④ 꺼림직하다

> 📢 Point ④ '꺼림직하다'는 과거 '꺼림칙하다', '께름칙하다'의 비표준어였으나 2018년 국립국어원에서 표준어
> 　　　　로 인정하였다.
> 　　　　① 초점 ② 구레나룻 ③ 재떨이

2 다음 밑줄 친 단어와 같은 의미로 쓰인 것은?

> 충신이 반역죄를 <u>쓰고</u> 감옥에 갇혔다.

① 밖에 비가 오니 우산을 <u>쓰고</u> 가거라.

② 광부들이 온몸에 석탄가루를 까맣게 <u>쓰고</u> 일을 한다.

③ 그는 마른 체격에 테가 굵은 안경을 <u>썼고</u> 갸름한 얼굴이다.

④ 뇌물 수수 혐의를 <u>쓴</u> 정치인은 결백을 주장했다.

> 📢 Point 밑줄 친 부분은 '사람이 죄나 누명 따위를 가지거나 입게 되다.'라는 의미로 사용되었다.
> 　　　　① 산이나 양산 따위를 머리 위에 펴 들다.
> 　　　　② 먼지나 가루 따위를 몸이나 물체 따위에 덮은 상태가 되다.
> 　　　　③ 얼굴에 어떤 물건을 걸거나 덮어쓰다.

» ANSWER

1.④ 2.④

3 다음 밑줄 친 단어를 대신하여 사용할 수 있는 단어로 가장 적절한 것은?

> 두 사람이 <u>막역한</u> 사이라는 것을 모르는 사람이 없었다.

① 할당한
② 고취한
③ 허물없는
④ 탐닉한

📢 **Point** 막역(莫逆)하다 … 허물이 없이 아주 친하다.
③ 허물없다 : 서로 매우 친하여, 체면을 돌보거나 조심할 필요가 없다.
① 할당(割當)하다 : 몫을 갈라 나누다.
② 고취(鼓吹)하다 : 힘을 내도록 격려하여 용기를 북돋우다. 또는 의견이나 사상 따위를 열렬히 주장하여 불어넣다.
④ 탐닉(耽溺)하다 : 어떤 일을 몹시 즐겨서 거기에 빠지다.

4 ㉠~㉢의 밑줄 친 부분에 대한 설명으로 적절하지 않은 것은?

> ㉠ <u>다</u> 먹은 그릇은 치우고 <u>더</u> 먹을 사람은 줄을 서라
> ㉡ <u>담</u>을 넘느라 <u>땀</u>을 한 바가지는 흘렸다.
> ㉢ <u>배</u>를 하도 먹어서 그런지 <u>배</u>가 불러 죽겠다

① ㉠의 '다'와 '더'의 모음은 혀의 높낮이가 다르다.
② ㉡의 'ㄷ'과 'ㄸ'은 소리를 내는 방식이 같다.
③ ㉢의 '배'는 발음하는 동안 입술이나 혀가 움직인다.
④ ㉢에 밑줄 친 '배'는 동음이의어이다.

📢 **Point** ③ 'ㅐ'는 단모음으로 발음할 때 입술이나 혀가 고정되어 움직이지 않는다.
① 'ㅏ'는 저모음, 'ㅓ'는 중모음으로 혀의 높낮이가 다르다.
② 'ㄷ, ㅌ, ㄸ'는 파열음으로 소리를 내는 방식이 같다.
④ 첫 번째 '배'는 '배나무의 열매', 두 번째 '배'는 '사람이나 동물의 몸에서 위장, 창자, 콩팥 따위의 내장이 들어 있는 곳으로 가슴과 엉덩이 사이의 부위'의 의미를 가지는 동음이의어이다.

≫ ANSWER
3.③ 4.③

5 다음 빈칸에 들어갈 말로 적절한 것은?

> 감기와 가장 혼동하는 질병에는 '독감'이 있다. 독감은 종종 '감기가 악화된 것.' 또는 '감기 중에 독한 것.'이라고 오해를 받는다. 감기와 독감 모두 콧물, 기침이 나는데, 며칠이 지나면 낫는 감기와 달리 독감은 심할 경우 기관지염이나 폐렴으로 발전하고, 오한, 고열, 근육통이 먼저 나타난다. 또 감기가 시기를 타지 않는 것과 달리 독감은 유행하는 시기가 정해져 있다.
>
> 독감은 유행성 감기 바이러스 때문에 생긴다. 감기는 백신을 만들 수 없지만 독감은 백신을 만들 수 있다. (   ) 단, 유행성 감기 바이러스는 변이가 심하게 일어나기 때문에 매년 백신을 새로 만들어야 한다. 노약자는 그 해에 유행하는 독감 백신을 미리 맞되, 백신으로 항체가 만들어지기까지는 시간이 걸리므로 독감이 유행하기 3~4개월 전에 맞아야 한다.

① 왜냐하면 감기는 독감과는 다르게 백신에 대한 수요가 매우 적기 때문이다.
② 왜냐하면 독감 바이러스의 형태는 매우 복잡하기 때문에 백신을 만들데에 제약이 많기 때문이다.
③ 왜냐하면 감기 바이러스는 일찍이 해당 바이러스에 대한 연구가 이루어 졌기 때문이다.
④ 왜냐하면 감기를 일으키는 바이러스는 워낙 다양하지만 독감을 일으키는 바이러스는 한 종류이기 때문이다.

📢 (Point) 빈칸에는 앞문장의 내용에 이어서 독감 백신을 만들 수 있는 이유가 오는 것이 적절하다.

6 외래어 표기가 바르게 된 것으로만 묶인 것은?
① 부르주아, 비스킷, 심포지움
② 스폰지, 콘셉트, 소파
③ 앙코르, 팜플릿, 플랜카드
④ 샹들리에, 주스, 블라우스

📢 (Point) ① 부르주아, 비스킷, 심포지엄
② 스펀지, 콘셉트, 소파
③ 앙코르, 팸플릿, 플래카드

» ANSWER

5.④ 6.④

7 ㉠의 상황을 표현한 한자성어로 적절한 것은?

> 낭군께서는 이별한 후에 비천한 저를 가슴속에 새겨 근심하지 마시고, 더욱 학업에 힘써 ㉠과거에 급제한 뒤 높은 벼슬길에 올라 후세에 이름을 드날리고 부모님을 현달케 하십시오. 제 의복과 재물은 다 팔아 부처께 공양하시고, 갖가지로 기도하고 지성으로 소원을 빌어 삼생의 연분을 후세에 다시 잇도록 해 주십시오. 그렇게만 해 주신다면 더없이 좋겠나이다! 좋겠나이다!

① 입신양명
② 사필귀정
③ 흥진비래
④ 백년해로

🔊 **Point** ① 입신양명 : 사회적(社會的)으로 인정(認定)을 받고 출세(出世)하여 이름을 세상(世上)에 드날림
② 사필귀정 : 처음에는 시비(是非) 곡직(曲直)을 가리지 못하여 그릇되더라도 모든 일은 결국에 가서는 반드시 정리(正理)로 돌아감
③ 흥진비래 : 즐거운 일이 지나가면 슬픈 일이 닥쳐온다는 뜻
④ 백년해로 : 부부(夫婦)가 서로 사이좋고 화락(和樂)하게 같이 늙음을 이르는 말

8 다음 밑줄 친 부분의 띄어쓰기가 바른 문장은?

① 마을 사람들은 어느 말을 정말로 믿어야 <u>옳은 지</u> 몰라서 멀거니 두 사람의 입을 쳐다보고만 있었다.
② 강아지가 집을 나간 지 <u>사흘만에</u> 돌아왔다.
③ 그냥 모르는 척 <u>살만도 한데</u> 말이야.
④ 자네, 도대체 이게 <u>얼마 만인가</u>.

🔊 **Point** ① 옳은 지→옳은지, 막연한 추측이나 짐작을 나타내는 어미이므로 붙여서 쓴다.
② 사흘만에→사흘 만에, '시간의 경과'를 의미하는 의존명사이므로 띄어서 사용한다.
③ 살만도→살 만도, 붙여 쓰는 것을 허용하기도 하나(살 만하다) 중간에 조사가 사용된 경우 반드시 띄어 써야 한다(살 만도 하다).

» **ANSWER**
7.① 8.④

9 다음 글의 중심내용으로 적절한 것은?

> 영어에서 위기를 뜻하는 단어 'crisis'의 어원은 '분리하다'라는 뜻의 그리스어 '크리네인 (Krinein)'이다. 크리네인은 본래 회복과 죽음의 분기점이 되는 병세의 변화를 가리키는 의학 용어로 사용되었는데, 서양인들은 위기에 어떻게 대응하느냐에 따라 결과가 달라진 다고 보았다. 상황에 위축되지 않고 침착하게 위기의 원인을 분석하여 사리에 맞는 해결 방안을 찾을 수 있다면 긍정적 결과가 나올 수 있다는 것이다. 한편, 동양에서는 위기(危機)를 '위험(危險)'과 '기회(機會)'가 합쳐진 것으로 해석하여, 위기를 통해 새로운 기회를 모색하라고 한다. 동양인들 또한 상황을 바라보는 관점에 따라 위기가 기회로 변모될 수도 있다고 본 것이다.

① 위기가 아예 다가오지 못하게 미리 대처해야 한다.
② 위기 상황을 냉정하게 판단하고 긍정적으로 받아들인다.
③ 위기가 지나갔다고 해서 반드시 기회가 오는 것은 아니다.
④ 욕심에서 비롯된 위기를 통해 자신의 상황을 되돌아봐야 한다.

📢 (Point) 동양과 서양에서 위기를 의미하는 단어를 분석해 보는 것을 통해 위기 상황을 냉정하게 판단하고 긍정적으로 받아들이면 좋은 결과를 얻거나 또 다른 기회가 될 수 있다는 이야기를 하고 있다.

10 다음 제시된 단어의 표준 발음으로 적절하지 않은 것은?

① 넓둥글다[넙뚱글다]
② 넓죽하다[널쭈카다]
③ 넓다[널따]
④ 핥다[할따]

📢 (Point) ② 겹받침 'ᆪ', 'ᆬ', 'ᆲ, ᆳ, ᆴ', 'ᆹ'은 어말 또는 자음 앞에서 각각 [ㄱ, ㄴ, ㄹ, ㅂ]으로 발음한다. 다만, '밟-'은 자음 앞에서 [밥]으로 발음하고, '넓-'은 '넓죽하다'와 '넓둥글다'의 경우에 [넙]으로 발음한다. 따라서 '넓죽하다'는 [넙쭈카다]로 발음해야 한다.

» ANSWER

9.② 10.②

11 다음 밑줄 친 문장이 글의 흐름과 어울리지 않는 것을 고르시오.

신재생 에너지란 태양, 바람, 해수와 같이 자연을 이용한 신에너지와 폐열, 열병합, 폐열 재활용과 같은 재생에너지가 합쳐진 말이다. 현재 신재생 에너지는 미래 인류의 에너지로서 다양한 연구가 이루어지고 있다. ①특히 과거에는 이들의 발전 효율을 높이는 연구가 주로 이루어졌으나 현재는 이들을 관리하고 사용자가 쉽게 사용하도록 하는 연구와 개발이 많이 진행되고 있다. ②신재생 에너지는 화석 연료의 에너지 생산 비용에 근접하고 있으며 향후에 유가가 상승되고 신재생 에너지 시스템의 효율이 높아짐에 따라 신재생 에너지의 생산 비용이 오히려 더 저렴해질 것으로 보인다.
③따라서 미래의 신재생 에너지의 보급은 특정 계층과 일부 분야에서만 이루어 질 것이며 현재의 전력 공급 체계를 변화시킬 것이다. ④현재 중앙 집중식으로 되어있는 전력공급의 체계가 미래에는 다양한 곳에서 발전이 이루어지는 분산형으로 변할 것으로 보인다. 분산형 전원 시스템 체계에서 가장 중요한 기술인 스마트 그리드는 전력과 IT가 융합한 형태로서 많은 연구가 이루어지고 있다.

📢 (Point) ③의 앞의 내용을 보면 향후 신재생 에너지 시스템의 효율이 높이며 생산 비용이 저렴해 질 것으로 예상하고 있으므로 ③의 내용으로 '따라서 미래의 신재생 에너지의 보급은 지금 보다 훨씬 광범위하게 다양한 곳에서 이루어 질 것이며 현재의 전력 공급 체계를 변화시킬 것이다.'가 오는 것이 적절하다.

12 다음 글을 논리적 순서에 맞게 나열한 것은?

㉠ 또한 한옥을 짓는 데 사용되는 천연 건축 자재는 공해를 일으키지 않는다.
㉡ 현대 건축에서 자주 문제가 되는 환경 파괴가 한옥에는 거의 없다.
㉢ 아토피성 피부염 등의 현대 질병에 한옥이 좋은 이유가 여기에 있다.
㉣ 한옥은 짓는 터전을 훼손하지 않으며, 터가 생긴 대로 약간만 손질하면 집을 지을 수 있기 때문이다.

① ㉡-㉠-㉣-㉢
② ㉡-㉣-㉠-㉢
③ ㉢-㉠-㉣-㉡
④ ㉣-㉡-㉠-㉢

📢 (Point) ㉡ 현대 건축에서 발생하는 문제가 한옥에서는 발생하지 않음-㉣ ㉡을 뒷받침하는 이유①: 한옥은 환경을 보존하며 지어지는 특성을 가짐-㉠ ㉡을 뒷받침하는 이유②: 한옥 건축에 사용하는 천연 자재는 공해를 일으키지 않음-㉢ ㉠의 장점

>> ANSWER
11.③ 12.②

13 다음의 문장이 들어가기에 적절한 위치를 고르면?

> 예를 들면, 라파엘로의 창의성은 미술사학, 미술 비평이론, 그리고 미적 감각의 변화에 따라 그 평가가 달라진다.

> 한 개인의 창의성 발휘는 자기 영역의 규칙이나 내용에 대한 이해뿐만 아니라 현장에서 적용되는 평가기준과도 밀접한 관련을 가지고 있다. (㉠) 어떤 미술 작품이 창의적인 것으로 평가받기 위해서는 당대 미술가들이나 비평가들이 작품을 바라보는 잣대에 들어맞아야 한다. (㉡) 마찬가지로 문학 작품의 창의성 여부도 당대 비평가들의 평가기준에 따라 달라질 수 있다. (㉢) 라파엘로는 16세기와 19세기에는 창의적이라고 여겨졌으나, 그 사이 기간이나 그 이후에는 그렇지 못했다. (㉣) 라파엘로는 사회가 그의 작품에서 감동을 받고 새로운 가능성을 발견할 때 창의적이라 평가받을 수 있었다. 그러나 만일 그의 그림이 미술을 아는 사람들의 눈에 도식적이고 고리타분하게 보인다면, 그는 기껏해야 뛰어난 제조공이나 꼼꼼한 채색가로 불릴 수 있을 뿐이다.

① ㉠
② ㉡
③ ㉢
④ ㉣

Point 제시된 문장은 라파엘로의 창의성을 예로 들면서 기준에 따라 평가가 달라진다는 것을 언급하고자 한다. 따라서 당대 비평가들의 평가기준에 따라 창의성 여부가 달라질 수 있다는 내용 뒤인 ㉢이 가장 적절하며, 제시된 문장 뒤로는 라파엘로의 창의성이 평가기준에 따라 어떻게 다르게 평가되고 있는지에 대한 내용이 이어져야 한다.

» ANSWER

13.③

14 〈보기〉에서 ㉠, ㉡의 예시로 옳은 것으로만 된 것은?

> 어근과 어근의 형식적 결합 방식에 따라 합성어를 나누어 볼 수 있다. 형식적 결합 방식이란 어근과 어근의 배열 방식이 국어의 정상적인 단어 배열 방식 즉 통사적 구성과 같고 다름을 고려한 것이다. 여기에는 합성어의 각 구성 성분들이 가지는 배열 방식이 국어의 정상적인 단어 배열법과 같은 ㉠'통사적 합성어'와 정상적인 배열 방식에 어긋나는 ㉡'비통사적 합성어'가 있다.

	㉠	㉡
①	가려내다, 큰일	굳은살, 덮밥
②	물렁뼈, 큰집	덮밥, 산들바람
③	큰집, 접칼	보슬비, 얕보다
④	굳은살, 그만두다	물렁뼈, 날뛰다

📢 Point 통사적 합성어 : 가려내다, 큰집, 굳은살, 큰일, 그만두다
비통사적 합성어 : 덮밥, 접칼, 산들바람, 보슬비, 물렁뼈, 날뛰다, 얕보다

> ☆ Plus tip 합성법의 유형
> ㉠ 통사적 합성법 : 우리말의 일반적인 단어 배열법과 일치하는 것으로 대부분의 합성어가 이에 해당된다.
>   예 작은형(관형사형 + 명사)
> ㉡ 비통사적 합성법 : 우리말의 일반적인 단어 배열법에서 벗어나는 합성법이다.
>   예 늦더위('용언의 어간 + 명사'로 이러한 문장 구성은 없음)

» ANSWER

14.④

15 다음 〈보기〉의 규칙이 적용된 예시로 적절하지 않은 것은?

〈보기〉

한자음 '녀, 뇨, 뉴, 니'가 단어 첫머리에 올 적에는, 두음 법칙에 따라 '여, 요, 유, 이'로 적는다.

단, 접두사처럼 쓰이는 한자가 붙어서 된 말이나 합성어에서는 뒷말의 첫소리가 'ㄴ'으로 나더라도 두음법칙에 따라 적는다.

① 남존여비 ② 신여성
③ 만년 ④ 신연도

🔊 **Point** ④ '신년도, 구년도' 등은 발음이 [신년도], [구: 년도]이며 '신년-도, 구년-도'로 분석되는 구조이므로 이 규정이 적용되지 않는다.

☆ **Plus tip** 한글 맞춤법 제3장 제10항 두음법칙
한자음 '녀, 뇨, 뉴, 니'가 단어 첫머리에 올 적에는, 두음 법칙에 따라 '여, 요, 유, 이'로 적는다. (ㄱ을 취하고, ㄴ을 버림)

ㄱ	ㄴ	ㄱ	ㄴ
여자(女子)	녀자	유대(紐帶)	뉴대
연세(年歲)	년세	이토(泥土)	니토
요소(尿素)	뇨소	익명(匿名)	닉명

다만, 다음과 같은 의존 명사에서는 '냐, 녀' 음을 인정한다.
냥(兩) 냥쭝(兩-) 년(年)(몇 년)
[붙임 1] 단어의 첫머리 이외의 경우에는 본음대로 적는다.
남녀(男女) 당뇨(糖尿) 결뉴(結紐) 은닉(隱匿)
[붙임 2] 접두사처럼 쓰이는 한자가 붙어서 된 말이나 합성어에서, 뒷말의 첫소리가 'ㄴ'소리로 나더라도 두음 법칙에 따라 적는다.
신여성(新女性) 공염불(空念佛) 남존여비(男尊女卑)
[붙임 3] 둘 이상의 단어로 이루어진 고유 명사를 붙여 쓰는 경우에도 붙임 2에 준하여 적는다.
한국여자대학 대한요소비료회사

》ANSWER
15.④

16 이 글의 특징으로 옳지 않은 것은?

새끼 오리도 헌신짝도 소똥도 갓신창도 개니빠디도 너울쪽도 짚검불도 가랑잎도 헝겊조각도 막대꼬치도 기왓장도 닭의 짖도 개터럭도 타는 모닥불

재당도 초시도 문장(門帳) 늙은이도 더부살이도 아이도 새 사위도 갓 사돈도 나그네도 주인도 할아버지도 손자도 붓장사도 땜쟁이도 큰 개도 강아지도 모두 모닥불을 쪼인다.

모닥불은 어려서 우리 할아버지가 어미 아비 없는 서러운 아이로 불쌍하니도 몽둥발이가 된 슬픈 역사가 있다.

-백석, 모닥불-

---

① 열거된 사물이나 사람의 배열이 주제의식을 높이는 데 기여한다.
② 평안도 방언의 사용으로 사실감과 향토적 정감을 일으킨다.
③ 모닥불 앞에 나설 수 있는 사람과 그렇지 않은 사람이 대조된다.
④ 지금 현재의 상황과 과거의 회상을 통하여 시상을 전개한다.

🔊 (Point) ③ 2연에 나타난 모닥불을 쪼이는 사람들은 직업도 나이도 상황도 다양한 사람으로 모닥불 앞에서는 사람들과 동물들 모두가 평등한 존재로 나타나므로 ③은 옳지 않다.
① 1연에 나열되는 사물들은 모두 쓸모없는 것들이다. 허나 화자는 그것들이 하나로 모여 하나의 모닥불로 타오르는 것에 의미를 둔다. 나열된 사물들이 하나가 되는 응집력과 열정을 통해 우리 민족의 공동체적 정신을 보여준다. 2연에서 나열되는 다양한 사람들은 신분과 혈연관계 상하관계를 따지지 않고 모닥불을 쪼이는 모습을 통해 민족의 화합과 나눔, 평등정신을 지닌 공동체 정신을 확인할 수 있다.
② '개니빠디'는 '이빨'의 평안·함북 지역의 방언이다.
④ 1, 2연에서는 모닥불이 타고 있는 현재의 상황을 보여주며, 마지막 연에서 할아버지의 어린 시절을 회상하며 할아버지의 슬픔을 통해 민속의 아픈 역사를 환기한다.

⭐ **Plus tip** 백석의 「모닥불」
㉠ 갈래 : 현대시, 서정시, 산문시
㉡ 성격 : 회상적, 산문적
㉢ 제재 : 모닥불
㉣ 주제 : 조화와 평등의 공동체적 합일정신. 우리 민족의 슬픈 역사와 공동체적 삶의 방향
㉤ 특징
• 근대적 평등 의식이 중심에 놓여있다.
• 열거의 방식으로 대상을 제기하고 있다
• 지금 현재의 상황 묘사와 과거 회상으로 시상이 전개되고 있다.
• 평안도 방언을 사용하여 사실성과 향토성을 높이고 있다.

≫ ANSWER
16.③

17 다음 글의 시점에 대한 설명으로 가장 적절한 것은?

> 파도는 높고 하늘은 흐렸지만 그 속에 솟구막 치면서 흐르는 나의 머릿속을 스치고 지나가는 영상은 푸르고 맑은 희망이었다. 나는 어떻게 누구의 손에 의해서 구원됐는지도 모른다. 병원에서 내 의식이 회복되었을 땐 다만 한 쪽 다리에 관통상을 입었다는 것을 알았을 뿐이다.

① 주인공 '나'가 자신의 체험을 이야기하고 있다.
② 작가가 주인공 '그'에 대해 관찰하여 서술하고 있다.
③ 작가가 제3의 인물 '그'에 대해 자세히 묘사하고 있다.
④ 주인공 '나'가 다른 인물에 대해 관찰하여 서술하고 있다.

🔊 **Point** 주어진 글은 주인공인 '나'가 자신의 이야기를 하고 있으므로 1인칭 주인공 시점이다.

> ☆ **Plus tip** 소설의 시점
> ㉠ 1인칭 주인공(서술자) 시점 : 주인공인 '나'가 자신의 이야기를 서술하는 시점으로 주관적이다.
> ㉡ 1인칭 관찰자 시점 : 등장인물(부수적 인물)인 '나'가 주인공에 대해 이야기하는 시점으로 객관적인 관찰을 통해서 이루어진다.
> ㉢ 3인칭(작가) 관찰자 시점 : 서술자의 주관을 배제하는 가장 객관적인 시점으로 서술자가 등장인물을 외부 관찰자의 위치에서 이야기하는 시점이다.
> ㉣ 전지적 작가 시점 : 서술자가 인물과 사건에 대해 전지전능한 신의 입장에서 이야기하는 시점으로, 작중 인물의 심리를 분석하여 서술한다.

18 한글 맞춤법에 맞는 문장은?

① 뚝빼기가 튼튼해 보인다.
② 구름이 걷히자 파란 하늘이 드러났다.
③ 꽁치찌게를 먹을 때면 늘 어머니가 생각났다.
④ 한동안 외국에 다녀왔더니 몇일 동안 김치만 닳고 살았다.

🔊 **Point** ① 뚝배기
③ 꽁치찌개
④ 며칠

» ANSWER
17.① 18.②

19 다음에서 설명하는 훈민정음 운용 방식에 해당하는 것은?

> 'ㄱ, ㄷ, ㅂ, ㅅ, ㅈ, ㆆ' 등을 가로로 나란히 써서 'ㄲ, ㄸ, ㅃ, ㅆ, ㅉ, ㆅ'을 만드는 것인데, 필요한 경우에는 'ㅺ, ㅼ, ㅽ, ㅳ, ㅶ, ㅄ, ㅴ, ㅵ' 등도 만들어 썼다.

① 象形   ② 加畫
③ 竝書   ④ 連書

📢 Point 제시문은 훈민정음 글자 운용법으로 나란히 쓰기인 병서(竝書)에 대한 설명이다. 병서는 'ㄲ, ㄸ, ㅃ, ㅆ'과 같이 서로 같은 자음을 나란히 쓰는 각자병서와 'ㅺ, ㅳ, ㅴ'과 같이 서로 다른 자음을 나란히 쓰는 합용병서가 있다.
① 象形(상형) : 훈민정음 제자 원리의 하나로 발음기관을 상형하여 기본자를 만들었다.
② 加畫(가획) : 훈민정음 제자 원리의 하나로 상형된 기본자를 중심으로 획을 더하여 가획자를 만들었다.
④ 連書(연서) : 훈민정음 글자 운용법의 하나로 이어쓰기의 방법이다.

20 제시된 글에서 사용하고 있는 서술 방법은?

> 사람도 빛 공해의 피해를 입고 있다. 우리나라의 도시에 사는 아이들은 시골에 사는 아이들보다 안과를 자주 찾는다. 세계적으로 유명한 과학 잡지 "네이처"에서는 밤에 항상 불을 켜 놓고 자는 아이의 34퍼센트가 근시라는 조사 결과를 발표했다. 불빛 아래에서는 잠드는 데 걸리는 시간인 수면 잠복기가 길어지고 뇌파도 불안정해진다. 이 때문에 도시의 눈부신 불빛은 아이들의 깊은 잠을 방해하고 있는 것이다.

① 조사 결과를 근거로 제시하여 주장의 신뢰를 높이고 있다.
② 이해하기 어려운 용어들을 정리하고 있다.
③ 눈앞에 그려지는 듯한 묘사를 통해 설명하고 있다.
④ 하나의 대상을 여러 갈래로 분석하고 있다.

📢 Point 주어진 글은 유명한 과학 잡지의 조사 결과를 제시하며 이를 통해 사람이 빛 공해의 피해를 입고 있다는 주장을 뒷받침하고 있다.

1 밑줄 친 단어의 쓰임이 적절하지 않은 것은?

① 강호는 한 번한 약속은 <u>반드시</u> 지키고 마는 사람이었다.

② 어깨에 우산을 <u>받히고</u> 양손에는 짐을 가득 들었다.

③ 두 사람은 전부터 <u>알음</u>이 있는 사이라 그런지 금방 친해졌다.

④ 정이도 <u>하노라고</u> 한 것인데 결과가 좋지 않아 속상했다.

📢 **(Point)** ② '받히다'는 '받다'의 사동사로 '머리나 뿔 따위로 세차게 부딪치다', '부당한 일을 한다고 생각되는 사람에게 맞서서 대들다.' 등의 의미를 가진다. 그러므로 ②번에서는 '물건의 밑이나 옆 따위에 다른 물체를 대다.'의 의미를 가진 '받치고'를 사용하는 것이 적절하다.

> ☆ **Plus tip** 비슷한 형태의 어휘
>
> ㉠ 반드시 / 반듯이
> • 반드시 : 꼭 **예** <u>반드시</u> 시간에 맞추어 오너라.
> • 반듯이 : 반듯하게 **예** 관물을 <u>반듯이</u> 정리해라.
> ㉡ 바치다 / 받치다
> • 바치다 : 드리다. **예** 출세를 위해 청춘을 <u>바쳤다</u>.
> • 받치다 : 밑을 다른 물건으로 괴다. (우산이나 양산 따위를) 펴서 들다. **예** 책받침을 <u>받친다</u>.
> ㉢ 받히다 / 밭치다
> • 받히다 : '받다'의 피동사 **예** 쇠뿔에 <u>받혔다</u>.
> • 밭치다 : (술 따위를) 체로 거르다. **예** 술을 체에 <u>밭친다</u>.
> ㉣ 아름 / 알음 / 앎
> • 아름 : 두 팔을 벌려서 껴안은 둘레의 길이 **예** 세 <u>아름</u> 되는 둘레
> • 알음 : 아는 것 **예** 전부터 <u>알음</u>이 있는 사이
> • 앎 : '알음'의 축약형 **예** <u>앎</u>이 힘이다.

>> ANSWER

1.②

2 다음 중 표준 발음법에 대한 설명과 그 예시로 적절하지 않은 것은?

① 시계[시계/시게] : '예, 례' 이외의 'ㅖ'는 [ㅔ]로도 발음한다.

② 밟다[밥: 따] : 겹받침 'ㄳ', 'ㄵ', 'ㄼ, ㄽ, ㄾ', 'ㅄ'은 어말 또는 자음 앞에서 각각 [ㄱ, ㄴ, ㄹ, ㅂ]으로 발음한다.

③ 닳소[다: 쏘] : 'ㅎ(ㄶ, ㅀ)' 뒤에 'ㅅ'이 결합되는 경우에는, 'ㅅ'을 [ㅆ]으로 발음한다.

④ 쫓다[쫀따] : 받침 'ㄲ, ㅋ', 'ㅅ, ㅆ, ㅈ, ㅊ, ㅌ', 'ㅍ'은 어말 또는 자음 앞에서 각각 대표음 [ㄱ, ㄷ, ㅂ]으로 발음한다.

🔊 (Point) ② 밟다[밥 : 따]는 표준 발음법 제10항 '겹받침 'ㄳ', 'ㄵ', 'ㄼ, ㄽ, ㄾ', 'ㅄ'은 어말 또는 자음 앞에서 각각 [ㄱ, ㄴ, ㄹ, ㅂ]으로 발음한다.'의 예외 사항으로 '다만, '밟-'은 자음 앞에서 [밥]으로 발음한다.'에 해당하는 예시이다.

3 다음 중 훈민정음에 대한 설명으로 옳지 않은 것은?

① 훈민정음은 '예의'와 '해례'로 구성되어 있다.

② '예의'에 실린 정인지서에서 훈민정음의 취지를 알 수 있다.

③ 훈민정음 세종의 어지를 통해 애민정신을 느낄 수 있다.

④ 상형의 원리를 이용하여 제자되었다.

🔊 (Point) ② 정인지서는 초간본 훈민정음 중 '해례' 부분 마지막에 실려 있으며 훈민정음 창제의 취지, 정의, 의의, 가치, 등을 설명한 글이다.

> 💡 **Plus tip 훈민정음의 예의와 해례**
> 훈민정음의 '예의'에는 세종의 서문과 훈민정음의 음가 및 운용법에 대한 설명이 들어있고 '해례'에는 임금이 쓴 '예의' 부분을 예를 들어 해설하는 내용으로 이루어져 있다.

4　다음 글을 읽고 알 수 있는 내용이 아닌 것은?

> 우리나라에 주로 나타나는 참나무 종류는 여섯 가지인데 각각 신갈나무, 떡갈나무, 상수리나무, 굴참나무, 갈참나무, 졸참나무라고 부른다. 참나무를 구별하는 가장 쉬운 방법은 잎을 보고 판단하는 것이다. 잎이 길고 가는 형태를 띤다면 상수리나무나 굴참나무임이 분명하다. 그 중에서 잎 뒷면이 흰색인 것이 굴참나무이다. 한편 나뭇잎이 크고 두툼한 무리에는 신갈나무와 떡갈나무가 있는데, 떡갈나무는 잎의 앞뒤에 털이 빽빽이 나 있지만 신갈나무는 그렇지 않다. 졸참나무와 갈참나무는 다른 참나무들보다 잎이 작으며, 잎자루라고 해서 나무줄기에 잎이 매달린 부분이 1~2센티미터 정도로 길다. 졸참나무는 참나무들 중에서 잎이 가장 작고, 갈참나무는 잎이 두껍고 뒷면에 털이 있어서 졸참나무와 구별된다. 참나무의 이름에도 각각의 유래가 있다. 신갈나무라는 이름은 옛날 나무꾼들이 숲에서 일을 하다가 짚신 바닥이 해지면 이 나무의 잎을 깔아서 신었기 때문에 '신을 간다'는 의미에서 붙여졌다고 한다. 떡갈나무 역시 이름 그대로 떡을 쌀 만큼 잎이 넓은 나무라고 하여 붙여진 이름인데 실제 떡갈나무 잎으로 떡을 싸 놓으면 떡이 쉬지 않고 오래 간다고 한다. 이는 떡갈나무 잎에 들어있는 방부성 물질 때문이다.

① 참나무는 보는 것만으로도 종류를 구분할 수 있다.
② 잎이 길고 가늘며 잎 뒷면이 흰색인 것은 상수리나무이다.
③ 떡갈나무는 잎이 크고 두툼하며 잎의 앞뒤에 털이 빽빽이 나있다.
④ 참나무의 이름에는 각각 유래가 있다.

🔊 Point　② 잎이 길고 가늘며 잎 뒷면이 흰색인 것은 굴참나무이다.

» ANSWER
4.②

5 다음 밑줄 친 내용의 예시로 적절하지 않은 것은?

> 두 개의 용언이 어울려 한개의 용언이 될 적에, <u>앞말의 본뜻이 유지되고 있는 것</u>은 그 원형을 밝히어 적고, 그 본뜻에서 멀어진 것은 밝히어 적지 아니한다.

① 드러나다　　　　　　　　　② 늘어나다
③ 벌어지다　　　　　　　　　④ 접어들다

📢(Point) '드러나다' 앞말이 본뜻에서 멀어져 밝혀 적지 않는 예이다.

> ☆ Plus tip　한글 맞춤법 제4장 제15항 [붙임1]
> 두 개의 용언이 어울려 한 개의 용언이 될 적에, 앞말의 본뜻이 유지되고 있는 것은 그 원형을 밝히어 적고, 그 본뜻에서 멀어진 것은 밝히어 적지 아니한다.
> ㉠ 앞말의 본뜻이 유지되고 있는 것
> 넘어지다　늘어나다　늘어지다　돌아가다　되짚어가다　들어가다　떨어지다　엎어지다　접어들다　틀어지다　흩어지다
> ㉡ 본뜻에서 멀어진 것
> 드러나다　사라지다　쓰러지다

6 다음 밑줄 친 부분과 어울리는 한자성어는?

> 초승달이나 보름달은 보는 이가 많지마는, 그믐달은 보는 이가 적어 그만큼 외로운 달이다. 객창한등(客窓寒燈)에 <u>정든 님 그리워 잠 못 들어 하는 분이나</u>, 못 견디게 쓰린 가슴을 움켜잡은 무슨 한(恨) 있는 사람이 아니면, 그 달을 보아 주는 이가 별로 없을 것이다.

① 동병상련(同病相憐)　　　　　② 불립문자(不立文字)
③ 각골난망(刻骨難忘)　　　　　④ 오매불망(寤寐不忘)

📢(Point) '오매불망'은 '자나 깨나 잊지 못함'의 의미이다.
　　① 같은 병을 앓는 사람끼리 서로 가엾게 여긴다는 뜻으로, 어려운 처지에 있는 사람끼리 서로 가엾게 여김을 이르는 말
　　② 불도의 깨달음은 마음에서 마음으로 전하는 것이므로 말이나 글에 의지하지 않는다는 말
　　③ 남에게 입은 은혜가 뼈에 새길 만큼 커서 잊히지 아니함

≫ ANSWER
5.① 6.④

7 다음 주어진 시에 대한 해석으로 적절하지 않은 것은?

> 비개인 긴 둑에 풀빛이 짙은데
> 님 보내는 남포에 슬픈 노래 흐르는구나
> 대동강 물이야 어느 때나 마를 것인가
> 이별의 눈물 해마다 푸른 물결에 더하여지네.
>
> —정지상, 송인—

① 아름다운 자연과 화자의 처지를 대비하여 화자의 슬픔을 고조시키고 있다.
② 기승전결의 4단 구성을 취한다.
③ 화자는 대동강 물이 마를 때 이별의 고통에서 벗어날 수 있다.
④ 대동강의 푸른 물결과 이별의 눈물을 동일시하여 슬픔의 깊이가 확대되고 있다.

🔊 (Point) ③ '대동강 물이야 어느 때나 마를 것인가'에서 설의법을 사용하고 있다. 이별의 눈물이 더해져 마를
리 없는 대동강을 통해 이별의 슬픔을 강조하여 나타내는 것으로 대동강 물이 마를 때 이별의
고통에서 벗어날 수 있다는 해석은 적절하지 않다.
① '긴 둑에 풀빛이 짙은데'에서 나타나는 아름다운 자연과 그 곳에서 슬픈 노래를 듣는 화자의 처
지가 대비되며 화자의 슬픔이 고조되고 있다.
② 각 행마다 기승전결의 구조를 취하고 있다.
④ 이별의 슬픔을 표현한 '눈물'을 대동강의 푸른 물결과 동일시하며 화자가 느끼는 슬픔을 확대하
여 표현하고 있다.

>> ANSWER
7.③

8 다음 주어진 글에서 루카치의 주장으로 옳은 것은?

> 키르케의 섬에 표류한 오디세우스의 부하들은 키르케의 마법에 걸려 변신의 형벌을 받았다. 변신의 형벌이란 몸은 돼지로 바뀌었지만 정신은 인간의 것으로 남아 자신이 돼지가 아니라 인간이라는 기억을 유지해야 하는 형벌이다. 그 기억은, 돼지의 몸과 인간의 정신이라는 기묘한 결합의 내부에 견딜 수 없는 비동일성과 분열이 담겨 있기 때문에 고통스럽다. "나는 돼지이지만 돼지가 아니다, 나는 인간이지만 인간이 아니다"라고 말해야만 하는 것이 비동일성의 고통이다.
>
> 바로 이 대목이 현대 사회의 인간을 '물화(物化)'라는 개념으로 파악하고자 했던 루카치를 전율케 했다. 물화된 현대 사회에서 인간은 상품이 되었으면서도 인간이라는 것을 기억하는, 따라서 현실에서 소외당한 자신을 회복하려는 가혹한 노력을 경주해야 하는 존재이다. 자신이 인간이라는 점을 기억하고 있지 않다면 그에게 구원은 구원이 아닐 것이므로, 인간이라는 본질을 계속 기억하는 일은 그에게 구원의 첫째 조건이 된다. 키르케의 마법으로 변신의 계절을 살고 있지만, 자신이 기억을 계속 유지하면 그 계절은 영원하지 않을 것이라는 희망을 가질 수 있다. 그는 소외 없는 저편의 세계, 구원과 해방의 순간을 기다린다.

① 인간이 현대 사회에서 물화된 자신을 받아들이지 않는 것은 큰 고통이다.
② 현대 사회에서 인간은 자신의 본질을 인지하고 이를 회복하기 위해 노력해야 한다.
③ 인간은 살아가기 위해서 왜곡된 현실을 받아들이고 새롭게 적응해야만 한다.
④ 현대 사회는 인간의 내면을 분열시키고 파괴하기 때문에 사회로부터 도피해야 한다.

📢（Point） 루카치는 현대 사회에서 인간은 상품이 되었으면서도 인간이라는 것을 기억하는, 따라서 현실에서 소외당한 자신을 회복하려는 가혹한 노력을 해야 하는 존재라고 말한다. 인간은 자신이 인간이라는 본질을 기억하고 있어야지만 구원에 의미가 있으며 해방의 순간을 기다릴 수 있다.

» ANSWER

8.②

9 다음 밑줄 친 부분과 가장 가까운 의미로 쓰인 것은?

> 저 멀리 연기를 뿜으며 앞서가는 기차의 <u>머리</u>가 보였다.

① 그는 우리 모임의 <u>머리</u> 노릇을 하고 있다.
② <u>머리</u>도 끝도 없이 일이 뒤죽박죽이 되었다.
③ 그는 테이블 <u>머리</u>에 놓인 책 한 권을 집어 들었다.
④ 주머니에 비죽이 술병이 <u>머리</u>를 내밀고 있었다.

🔊 **Point** 제시된 문장에서 '머리'는 사물의 앞이나 위를 비유적으로 이르는 말로 쓰였다.
① 단체의 우두머리
② 일의 시작이나 처음을 비유적으로 이르는 말
③ 한쪽 옆이나 가장자리

10 다음 빈칸에 들어갈 단어로 가장 적절한 것은?

> 아스피린의 (   )이 심장병 예방에 효과가 있을 수 있다는 것이 밝혀졌다. 심장병 환자와 심장병 환자 중 발병 전에 정기적으로 아스피린을 (   )해 온 사람의 비율은 0.9%였지만, 기타 환자 중 정기적으로 아스피린을 (   )해 온 사람의 비율은 4.9%였다. 환자 1만 524명을 대상으로 한 후속 연구에서도 유사한 결과가 나타났다. 즉 심장병 환자 중에서 3.5%만이 정기적으로 아스피린을 (   )해 왔다고 말한 반면, 기타 환자 중에서 그렇게 말한 사람은 7%였다.

① 복용   ② 흡수
③ 섭취   ④ 음용

🔊 **Point** ① 약을 먹음
② 빨아서 거두어들임
③ 좋은 요소를 받아들임
④ 마시는 데 씀

ANSWER
9.④ 10.①

11 다음의 문장 중 이중피동이 사용된 사례를 모두 고른 것은?

> ㉠ 이윽고 한 남성이 산비탈에 놓여진 사다리를 타고 오르기 시작했다.
> ㉡ 그녀의 눈에 눈물이 맺혀졌다.
> ㉢ 자장면 네 그릇은 그들 두 사람에 의해 단숨에 비워졌다.
> ㉣ 그는 바람에 닫혀진 문을 바라보고 있었다.

① ㉡, ㉢, ㉣　　　　　　　　　② ㉠, ㉡, ㉣
③ ㉠, ㉢, ㉣　　　　　　　　　④ ㉠, ㉡, ㉢

🔊 (Point) 이중피동은 글자 그대로 피동이 한 번 더 진행된 상태임을 의미하며, 이는 비문으로 간주된다.
㉠ 놓여진 : 놓다 → 놓이다(피동) → 놓여지다(이중피동)
㉡ 맺혀졌다 : 맺다 → 맺히다(피동) → 맺혀지다(이중피동)
㉢ 비워졌다 : 비우다 → 비워졌다('비워지다'라는 피동형의 과거형이므로 이중피동이 아니다.)
㉣ 닫혀진 : 닫다 → 닫히다(피동) → 닫혀지다(이중피동)
따라서 이중피동이 사용된 문장은 ㉠, ㉡, ㉣이 된다.

12 밑줄 친 부분의 표기가 바르지 않은 것은?

① 그는 우표 수집에 있어서는 <u>마니아</u> 수준이다.
② 어머니께서 <u>마늘쫑</u>으로 담그신 장아찌를 먹고 싶다.
③ 그녀는 <u>새침데기</u>처럼 나에게 한 마디 말도 하지 않았다.
④ 그 제품에 대한 <u>라이선스</u>를 획득한 일은 우리에겐 행운이었다.

🔊 (Point) ② 마늘쫑 → 마늘종

≫ ANSWER

11.② 12.②

13 다음 중 〈보기〉의 문장이 들어갈 위치로 가장 적절한 것은?

〈보기〉

예컨대 우리는 조직에 대해 생각할 때 습관적으로 위니 아래이니 하며 공간적으로 생각하게 된다. 우리는 이론이 마치 건물인 양 생각하는 경향이 있어서 기반이나 기본구조 등을 말한다.

① 과거에는 종종 언어의 표현 기능 면에서 은유가 연구되었지만, 사실 은유는 말의 본질적 상태 중 하나이다. ② 언어는 한 종류의 현실에서 또 다른 현실로 이동함으로써 그 효력을 발휘하며, 따라서 본질적으로 은유적이다. ③ 어떤 이들은 기술과학 언어에는 은유가 없어야 한다고 역설하지만, 은유적 표현들은 언어 그 자체에 깊이 뿌리박고 있다. ④ '토대'와 '상부 구조'는 마르크스주의에서 기본 개념들이다. 데리다가 보여 주었듯이, 심지어 철학에도 은유가 스며들어 있는데 단지 인식하지 못할 뿐이다.

📢 (Point) 주어진 문장은 우리가 '조직'과 '이론'을 생각할 때 습관적으로 그것들을 은유적으로 사고하는 경향이 있다는 내용이고 이는 즉 우리의 언어 자체에 은유가 뿌리박고 있다는 것의 예시이다. 그러므로 ③ 문장 뒤인 ④에 들어가는 것이 적절하다.

14 다음 중 맞춤법에 맞게 쓰인 말은?

① 회수(回數)   ② 갯수(個數)
③ 셋방(貰房)   ④ 전세방(傳貰房)

📢 (Point) 한자어에는 사이시옷을 붙이지 않는 것을 원칙으로 하되, '곳간(庫間), 셋방(貰房), 숫자(數字), 찻간(車間), 툇간(退間), 횟수(回數)'는 사이시옷을 받치어 적는다.
① 회수 → 횟수(回數)
② 갯수 → 개수(個數)
④ 전셋방 → 전세방(傳貰房)

>> ANSWER
13.④ 14.③

15 다음 빈칸에 들어갈 문장으로 적절한 것은?

> 1970년대 이전까지 정신이 말짱한 사람에게도 환각이 흔히 일어난다는 사실을 알아차리지 못했던 것은 어쩌면 그러한 환각이 어떻게 일어나는지에 관한 이론이 없었기 때문일 것이다. 그러다 1967년 폴란드의 신경생리학자 예르지 코노르스키가 『뇌의 통합적 활동』에서 '환각의 생리적 기초'를 여러 쪽에 걸쳐 논의했다. 코노르스키는 '환각이 왜 일어나는가?'라는 질문을 뒤집어 '환각은 왜 항상 일어나지 않는가? 환각을 구속하는 것은 무엇인가?'라는 질문을 제기했다. 그는 '지각과 이미지와 환각을 일으킬 수 있는' 역동적 체계, '환각을 일으키는 기제가 우리 뇌 속에 장착되어 있지만 몇몇 예외적인 경우에만 작동하는' 체계를 상정했다. 그리고 감각기관에서 뇌로 이어지는 구심성(afferent) 연결뿐만 아니라 반대 방향으로 진행되는 역방향(retro) 연결도 존재한다는 것을 보여주는 증거를 수집했다. 그런 역방향 연결은 구심성 연결에 비하면 빈약하고 정상적인 상황에서는 활성화되지 않는다. 하지만 (   )

① 코노르스키는 바로 그 역방향 연결이 환각 유도에 필수적인 해부학적, 생리적 수단이 된다고 보았다.

② 역방향 연결이 발생할 때는 반드시 구심성 연결이 동반된다는 사실이 발견되었다.

③ 코노르스키는 정상적인 상황에서 역방향 연결이 발생하는 경우를 찾고 있는 것이다.

④ 역방향 연결이 발생하였다고 하더라고 감각기관이 외부상황을 인지하는 데에는 무리가 없다.

📢 Point 주어진 글은 코노르스키가 환각의 발생에 대한 이론을 연구하여 환각이 일어나는 예외적인 체계를 상정했으며, 뇌에서 감각기관으로 연결되는 역방향 연결의 존재를 증명하며 이것이 환각을 일으키는 수단이 된다는 것을 이야기하고 있다.

16 다음의 밑줄 친 부분과 같은 원리로 발음되지 않는 것은?

> 그렇게 강조해서 시험 문제를 <u>짚어</u> 주었는데도 성적이 그 모양이냐.

① 검둥개가 <u>낳은</u> 강아지는 꼭 어미의 품에서 잠들었다.
② 꽃밭에서 가장 예쁘게 핀 꽃만 <u>꺾어서</u> 만든 꽃다발이다.
③ 엄마가 만든 <u>옷은</u> 항상 품이 커서 입기 편했다.
④ 소년은 사람들의 시선이 부끄러운지 <u>낯이</u> 붉어졌다.

Point 밑줄 친 '짚어'는 표준 발음법 13항 연음법칙에 따라 [지퍼]로 발음된다.
① 낳은→[나은] : 'ㅎ(ㄶ, ㅀ)' 뒤에 모음으로 시작된 어미나 접미사가 결합되는 경우에는 'ㅎ'을 발음하지 않는다.

> **✿ Plus tip 표준 발음법 제13항 (연음법칙)**
> 홑받침이나 쌍받침이 모음으로 시작된 조사나 어미, 접미사와 결합되는 경우에는 제 음가대로 뒤 음절 첫소리로 옮겨 발음한다.
> 깍아[까까] 옷이[오시] 있어[이써] 낮이[나지] 꽂아[꼬자] 꽃을[꼬츨] 쫓아[쪼차] 밭에[바테] 앞으로[아프로] 덮이다[더피다]

17 밑줄 친 단어와 상반된 의미를 지닌 것을 고르시오.

> 그가 누구보다도 <u>예리한</u> 칼날을 품고 있다.

① 신랄하다　　　　　　　② 첨예하다
③ 예민하다　　　　　　　④ 둔탁하다

📢 Point '예리(銳利)하다'의 의미
　　㉠ 끝이 뾰족하거나 날이 선 상태에 있다.
　　㉡ 관찰이나 판단이 정확하고 날카롭다.
　　㉢ 눈매나 시선 따위가 쏘아보는 듯 매섭다.
　　㉣ 소리가 신경을 거스를 만큼 높고 가늘다.
　　㉤ 기술이나 재주가 정확하고 치밀하다.
① 신랄(辛辣)하다 : 사물의 분석이나 비평 따위가 매우 날카롭고 예리하다.
② 첨예(尖銳)하다 : 날카롭고 뾰족하다. 또는 상황이나 사태 따위가 날카롭고 격하다.
③ 예민(銳敏)하다 : 무엇인가를 느끼는 능력이나 분석하고 판단하는 능력이 빠르고 뛰어나다.
④ 둔탁(鈍濁)하다 : 성질이 굼뜨고 흐리터분하다. 소리가 굵고 거칠며 깊다. 생김새가 거칠고 투박하다.

18 다음 중 맞춤법에 맞게 쓰인 문장은?
① 일이 잘 됬다.
② 저 산 너머 바다가 있다.
③ 오늘 경기는 반듯이 이겨야 한다.
④ 골목길에서 그만 놓히고 말았다.

📢 Point ① 됬다 → 됐다
　　③ 반듯이 → 반드시
　　④ 놓히고 → 놓치고

≫ ANSWER
17.④　18.②

19 다음 주어진 글의 내용 전개 방식으로 가장 적절한 것은?

> 세계에서 언어가 사라져 가는 현상은 우리나라 지역 방언에서도 벌어지고 있다. 특히 지역 방언의 어휘는 젊은 세대 사이에서 빠르게 사라져 가고 있는 실정이다. 일례로 한 조사에 따르면 우리 지역의 방언 어휘 중 특정 단어들을 우리 지역 초등학생의 80% 이상, 중학생의 60% 이상이 '전혀 사용하지 않는다.'라고 답했다. 또한 2010년에 유네스코에서는 제주 방언을 소멸 직전의 단계인 4단계 소멸 위기 언어로 등록하였다.
>
> 지역 방언이 사라져 가는 원인은 복합적이다. 서울로 인구가 집중되면서 지역 방언을 사용하는 인구가 감소하였으며, 대중 매체의 영향으로 표준어가 확산되어 가는 것도 한 원인이다.
>
> 일부 학생들은 표준어로도 충분히 대화할 수 있다며 지역 방언이 꼭 필요하냐고 말할 수도 있다. 그럼에도 우리는 왜 지역 방언 보호에 관심을 가져야 하는 것일까? 그것은 지역 방언의 가치 때문이다. 지역 방언은 표준어만으로는 표현하기 어려운 감정과 정서의 표현을 가능하게 한다. 그리고 '다슬기' 외에 '올갱이, 데사리, 민물고동'과 같이 동일한 대상을 지역마다 다르게 표현하는 지역 방언이 있는 것처럼 지역 방언은 우리말의 어휘를 더욱 풍부하게 만드는 바탕이 된다.
>
> 지역 방언은 우리의 소중한 언어문화 자산이다. 지역 방언의 세계문화유산 지정이 시급하다. 사라져 가는 지역 방언의 보호에 관심을 기울이자.

① 대상의 인과 관계에 초점을 맞추어 설명하고 있다.
② 구체적인 사례를 통해 자신의 주장을 뒷받침하고 있다.
③ 대상의 유사점을 중심으로 특징을 설명하고 있다.
④ 용어의 정의를 통해 정확한 개념 이해를 돕고 있다.

📢 (Point) 화자는 구체적인 사례를 통해 지역 방언이 사라져 가고 있는 실정을 지적함은 물론 지역 방언의 필요성까지 설명하면서 자신의 주장을 뒷받침하고 있다.

>> ANSWER
19.②

20 다음 글을 쓴 필자의 주장으로 옳은 것은?

'문명인'과 구분하여 '원시인'에 대해 적당한 정의를 내리는 일은 불가능하지 않지만 어려운 일이다. 우리들 자신의 문명을 표준으로 삼는 일조차 그 문명의 어떤 측면이나 특징을 결정적인 것으로 생각하는가 하는 문제가 발생한다. 보통 규범 체계, 과학 지식, 기술적 성과와 같은 요소를 생각할 수 있다. 이러한 측면에서 원시문화를 살펴보면, 현대의 문화와 동일한 종류는 아니지만, 같은 기준선상에서의 평가가 가능하다. 대부분의 원시부족은 고도로 발달된 규범 체계를 갖고 있었다. 헌법으로 규정된 국가조직과 관습으로 규정된 부족조직 사이에는 본질적인 차이가 없으며, 원시인들 또한 국가를 형성하기도 했다. 또한 원시인들의 법은 단순한 체계를 가지고 있었지만 정교한 현대의 법체계와 마찬가지로 효과적인 강제력을 지니고 있었다. 과학이나 기술 수준 역시 마찬가지다. 폴리네시아의 선원들은 천문학 지식이 매우 풍부하였는데 그것은 상당한 정도의 과학적 관찰을 필요로 하는 일이었다. 에스키모인은 황폐한 국토에 내장되어 있는 빈곤한 자원을 최대한 활용할 수 있는 기술을 발전시켰다. 현대의 유럽인이 같은 조건 하에서 생활한다면, 북극지방의 생활에 적응하기 위하여 그들보다 더 좋은 도구를 만들어 내지 못할 것이며, 에스키모인의 생활양식을 응용해야 한다.
원시인을 말 그대로 원시인이라고 느낄 수 있는 부분은 그나마 종교적인 면에서일 뿐이다. 우리의 관점에서 보면 다양한 형태의 원시종교는 비논리적이지는 않더라도 매우 불합리하다. 원시종교에서는 주술이 중요한 역할을 담당 하지만, 문명사회에서는 주술이나 주술사의 힘을 믿는 경우는 거의 찾아볼 수 없다.

① 사회학적으로 '원시인'에 대한 명확한 정의를 내릴 수 있다.
② 원시문화는 현대와 동일한 종류의 평가기준으로 판단할 수 있다.
③ 원시부족에게도 일종의 현대의 법에 준하는 힘을 가진 체계를 가지고 있다.
④ 종교적 측면에서 원시인과 문명인은 거의 구분할 수 없을 정도로 공통점을 가지고 있다.

🔊 (Point) ③ 원시인들의 법은 단순한 체계를 가지고 있었지만 정교한 현대의 법체계와 마찬가지로 효과적인 강제력을 지니고 있었다. 과학이나 기술 수준 역시 마찬가지다.
① '문명인'과 구분하여 '원시인'에 대해 적당한 정의를 내리는 일은 불가능하지 않지만 어려운 일이다.
② 필자는 원시문화를 현대의 문화와 동일한 종류는 아니지만, 같은 기준선상에서의 평가가 가능하다고 말한다.
④ 원시인을 말 그대로 원시인이라고 느낄 수 있는 부분은 그나마 종교적인 면에서일 뿐이다.

>> **ANSWER**

20.③

1 〈보기〉와 같이 발음할 때 적용되는 음운 변동 규칙이 아닌 것은?

〈보기〉
밭이랑→[반니랑]

① ㄴ 첨가
② 두음법칙
③ 음절의 끝소리 규칙
④ 비음화

🔊 **Point** 밭이랑→[받이랑](음절의 끝소리 규칙)→[받니랑](ㄴ 첨가)→[반니랑](비음화)

☆ **Plus tip 음절의 끝소리 규칙**

국어에서는 'ㄱ, ㄴ, ㄷ, ㄹ, ㅁ, ㅂ, ㅇ'의 일곱 자음만이 음절의 끝소리로 발음된다.

㉠ 음절의 끝자리의 'ㄲ, ㅋ'은 'ㄱ'으로 바뀐다.
　예 밖[박], 부엌[부억]

㉡ 음절의 끝자리 'ㅅ, ㅆ, ㅈ, ㅊ, ㅌ, ㅎ'은 'ㄷ'으로 바뀐다.
　예 옷[옫], 젖[젇], 히읗[히은]

㉢ 음절의 끝자리 'ㅍ'은 'ㅂ'으로 바뀐다.
　예 숲[숩], 잎[입]

㉣ 음절 끝에 겹받침이 올 때에는 하나의 자음만 발음한다.
　• 첫째 자음만 발음: ㄳ, ㄵ, ㄼ, ㄽ, ㄾ, ㅄ
　　예 삯[삭], 앉다[안따], 여덟[여덜], 외곬[외골], 핥다[할따]
　예외 … 자음 앞에서 '밟-'은 [밥], '넓-'은 '넓죽하다[넙쭈카다]', '넓둥글다[넙뚱글다]'의 경우에만 [넙]으로 발음한다.
　• 둘째 자음만 발음: ㄺ, ㄻ, ㄿ
　　예 닭[닥], 맑다[막따], 삶[삼], 젊다[점따], 읊다[읖따 → 읍따]

㉤ 다음에 모음으로 시작하는 음절이 올 경우
　• 조사나 어미, 접미사와 같은 형식 형태소가 올 경우: 다음 음절의 첫소리로 옮겨 발음한다.
　　예 옷이[오시], 옷을[오슬], 값이[갑씨], 삶이[살미]
　• 실질 형태소가 올 경우: 일곱 자음 중 하나로 바꾼 후 다음 음절의 첫소리로 옮겨 발음한다.
　　예 옷 안[온안→오단], 값없다[갑업다→ 가법따]

≫ **ANSWER**

1.②

2 다음 중 '서르 → 서로'로 변한 것과 관계없는 음운 현상은?

① 믈 → 물　　　　　　　　　　② 불휘 → 뿌리

③ 거붑 → 거북　　　　　　　　④ 즁싱 → 즘싱 → 즘승 → 짐승

🔊 (Point) '서르'가 '서로'로 변한 것은 이화·유추·강화 현상과 관계있다.

　　① 원순 모음화

　　② 강화

　　③ 이화, 강화

　　④ 즁싱 > 즘싱(이화) > 즘승(유추) > 짐승(전설모음화)

3 다음 글의 밑줄 친 ㉠~㉣의 어휘가 의미상 올바르게 대체되지 않은 것은?

> 2019 문화체육관광부 장관배 전국 어울림마라톤 대회가 오는 9월 29일 태화강 국가정원 ㉠일원에서 개최된다. 19일 울산시장애인체육회에 따르면, 울산시장애인체육회가 주최·주관하고 문화체육관광부 등에서 ㉡후원하는 이번 대회는 태화강 국가지정 기념사업 일환으로 울산에서 처음 개최되는 전국 어울림마라톤 대회이며 태화강 국가정원 일원에서 울산 최초로 10km 마라톤 코스 ㉢인증을 받아 실시된다.
>
> 10km 경쟁 마라톤과 5km 어울림부는 장애인과 비장애인이 함께 마라톤 코스를 달릴 예정이다. 참가비는 장애인은 무료이며, 비장애인은 종목별 10,000원이다. 참가자 전원에게는 기념셔츠와 메달, 간식이 제공된다.
>
> 울산시장애인체육회 사무처장은 "이번 대회가 장애인과 비장애인이 서로 이해하며 마음의 벽을 허무는 좋은 기회가 되고, 아울러 산업도시 울산에 대한 이미지 제고에도 기여를 하게 될 것"이라며 기대감을 표했다.

① ㉠ 일대　　　　　　　　　　② ㉡ 후견

③ ㉢ 인거　　　　　　　　　　④ ㉣ 더불어

🔊 (Point) ③ '인거'(引據)는 '글 따위를 인용하여 근거로 삼음'의 의미로 '인증'(引證)과 유의어 관계에 있다. 그러나 주어진 글에서 쓰인 ㉢의 '인증'은 '문서나 일 따위가 합법적인 절차로 이루어졌음을 공적 기관이 인정하여 증명함'의 의미로 쓰인 '認證'이므로 '인거'로 대체할 수 없다.

　　① '일원(一圓)'은 '일정한 범위의 어느 지역 전부'를 의미하며, '일대(一帶)'와 유의어 관계가 된다.

　　② '후원(後援)'과 '후견(後見)'은 모두 '사람이나 단체 따위의 뒤를 돌보아 줌'의 의미를 갖는다.

　　④ '아울러'와 '더불어'는 모두 순우리말로, '거기에다 더하여'의 의미를 지닌 유의어 관계의 어휘이다.

» ANSWER

2.① 3.③

> 아무도 그에게 수심(水深)을 일러 준 일이 없기에
> 흰 나비는 도무지 바다가 무섭지 않다.
>
> 청(靑)무우밭인가 해서 내려 갔다가는
> 어린 날개가 물결에 절어서
> 공주처럼 지쳐서 돌아온다.
>
> 삼월달 바다가 꽃이 피지 않아서 서글픈
> 나비 허리에 새파란 초생달이 시리다.

4 다음 시에 영향을 미친 서구의 문예 사조는?

① 사실주의   ② 모더니즘

③ 실존주의   ④ 낭만주의

📢(Point) 제시된 시는 김기림의 「바다와 나비」로 1930년대 모더니즘 문학의 대표작이다.

5 제시된 시의 주제로 가장 적절한 것은?

① 자연에서 발견한 가치를 통한 인생의 소중함을 깨달음

② 이별을 통한 영혼의 성숙

③ 새로운 세계에 대한 동경과 좌절

④ 두려움을 극복하고자 하는 의지

📢(Point) 제시된 시에서 흰나비의 모습을 통해 바다라는 새로운 세계를 동경하고 바다의 물결에 날개가 젖어 좌절하는 나비의 모습을 볼 수 있다. 따라서 이 시의 주제로 ③이 가장 적절하다.

> ☆ Plus tip 김기림의 「바다와 나비」
> ㉠ 주제 : 새로운 세계에 대한 동경과 좌절
> ㉡ 제재 : 나비와 바다
> ㉢ 갈래 : 자유시, 서정시
> ㉣ 성격 : 주지적, 상징적, 감각적
> ㉤ 특징 : 1연 : 바다의 무서움을 모르는 나비
>   2연 : 바다로 도달하지 못하고 지쳐서 돌아온 나비
>   3연 : 냉혹한 현실과 좌절된 나비의 꿈

» ANSWER

4.② 5.③

6 다음 대한 설명으로 가장 적절한 것은?

> ㉠ 옷 안[오단]　　　　　㉡ 잡히다[자피다]
> ㉢ 국물[궁물]　　　　　㉣ 흙탕물[흑탕물]

① ㉠ : 두 가지 유형의 음운 변동이 나타난다.
② ㉡ : 음운 변동 전의 음운 개수와 음운 변동 후의 음운 개수가 서로 다르다.
③ ㉢ : 인접한 음의 영향을 받아 조음 위치가 같아지는 동화 현상이 나타난다.
④ ㉣ : 음절의 끝소리 규칙이 적용되었다.

🔊 Point　㉠ 옷 안→[온안](음절의 끝소리 규칙)→[오단](연음) : 연음은 음운 변동에 해당하지 않는다.
　　　　㉡ 잡히다→[자피다](축약) : 축약으로 음운 개수가 하나 줄어들었다.
　　　　㉢ 국물→[궁물](비음화) : 조음 방법이 같아지는 동화 현상이 나타난다.
　　　　㉣ 흙탕물→[흑탕물](자음군단순화) : 음절의 끝소리 규칙이 아닌 자음군단순화(탈락)이 적용된 것이다.

7 '꽃이 예쁘게 피었다.'라는 문장에 대한 설명으로 옳지 않은 것은?

① 단어의 수는 4개이다.
② 8개의 음절로 되어 있다.
③ 실질 형태소는 4개이다.
④ 3개의 어절로 되어 있다.

🔊 Point　① '꽃 / 이 / 예쁘게 / 피었다'로 단어의 수는 4개이다.
　　　　② '꼬 / 치 / 예 / 쁘 / 게 / 피 / 어 / 따'로 8개의 음절로 되어 있다.
　　　　③ '꽃, 예쁘-, 피-'로 실질 형태소는 3개이다.
　　　　④ '꽃이 / 예쁘게 / 피었다'로 3개의 어절로 되어 있다.

8 다음 글의 중심내용으로 적절한 것은?

> 한 번에 두 가지 이상의 일을 할 때 당신은 마음에게 흩어지라고 지시하는 것입니다. 그것은 모든 분야에서 좋은 성과를 내는 데 필수적인 요소가 되는 집중과는 정반대입니다. 당신은 자신의 마음이 분열되는 상황에 처하도록 하는 경우도 많습니다. 마음이 흔들리도록, 과거나 미래에 사로잡히도록, 문제들을 안고 낑낑거리도록, 강박이나 충동에 따라 행동하는 때가 그런 경우입니다. 예를 들어, 읽으면서 동시에 먹을 때 마음의 일부는 읽는 데 가 있고, 일부는 먹는 데 가 있습니다. 이런 때는 어느 활동에서도 최상의 것을 얻지 못합니다. 다음과 같은 부처의 가르침을 명심하세요. '걷고 있을 때는 걸어라. 앉아 있을 때는 앉아 있어라. 갈팡질팡하지 마라.' 당신이 하는 모든 일은 당신의 온전한 주의를 받을 가치가 있는 것이어야 합니다. 단지 부분적인 주의를 받을 가치밖에 없다고 생각하면, 그것이 진정으로 할 가치가 있는지 자문하세요. 어떤 활동이 사소해 보이더라도, 당신은 마음을 훈련하고 있다는 사실을 명심하세요.

① 일을 시작하기 전에 먼저 사소한 일과 중요한 일을 구분하는 습관을 기르라.
② 한 번에 두 가지 이상의 일을 성공적으로 수행할 수 있도록 훈련하라.
③ 자신이 하는 일에 전적으로 주의를 집중하라.
④ 과거나 미래가 주는 교훈에 귀를 기울이라.

🔊 (Point) 화자는 문두에서 한 번에 두 가지 이상의 일을 하는 것은 마음에게 흩어지라고 지시하는 것이라고 언급한다. 또한 글의 중후반부에서 당신이 하는 모든 일은 당신의 온전한 주의를 받을 가치가 있는 것이어야 한다고 강조한다. 따라서 이 글의 중심 내용은 ③이 적절하다.

» ANSWER
8.③

9 다음 글의 내용과 일치하지 않는 것은?

우리는 흔히 나무와 같은 식물이 대기 중에 이산화탄소로 존재하는 탄소를 처리해 주는 것으로 알고 있지만, 바다 또한 중요한 역할을 한다. 예를 들어 수없이 많은 작은 해양생물들은 빗물에 섞인 탄소를 흡수한 후에 다른 것들과 합쳐서 껍질을 만드는 데 사용한다. 결국 해양생물들은 껍질에 탄소를 가두어 둠으로써 탄소가 대기 중으로 다시 증발해서 위험한 온실가스로 축적되는 것을 막아 준다. 이들이 죽어서 바다 밑으로 가라앉으면 압력에 의해 석회석이 되는데, 이런 과정을 통해 땅속에 저장된 탄소의 양은 대기 중에 있는 것보다 수만 배나 되는 것으로 추정된다. 그 석회석 속의 탄소는 화산 분출로 다시 대기 중으로 방출되었다가 빗물과 함께 땅으로 떨어진다. 이 과정은 오랜 세월에 걸쳐 일어나는데, 이것이 장기적인 탄소 순환과정이다. 특별한 다른 장애 요인이 없다면 이 과정은 원활하게 일어나 지구의 기후는 안정을 유지할 수 있다.

그러나 불행하게도 인간의 산업 활동은 자연이 제대로 처리할 수 없을 정도로 많은 양의 탄소를 대기 중으로 방출한다. 영국 기상대의 피터 쿡스에 따르면, 자연의 생물권이 우리가 방출하는 이산화탄소의 영향을 완충할 수 있는 데에는 한계가 있기 때문에, 그 한계를 넘어서면 이산화탄소의 영향이 더욱 증폭된다. 지구 온난화가 걷잡을 수 없이 일어나게 되는 것은 두려운 일이다. 지구 온난화에 적응을 하지 못한 식물들이 한꺼번에 죽어 부패해서 그 속에 가두어져 있는 탄소가 다시 대기로 방출되면 문제는 더욱 심각해질 것이기 때문이다.

① 식물이나 해양생물은 기후 안정성을 유지하는 데에 기여한다.
② 생명체가 지니고 있던 탄소는 땅속으로 가기도 하고 대기로 가기도 한다.
③ 탄소는 화산 활동, 생명체의 부패, 인간의 산업 활동 등을 통해 대기로 방출된다.
④ 극심한 오염으로 생명체가 소멸되면 탄소의 순환 고리가 끊겨 대기 중의 탄소도 사라진다.

🔊 **Point** ④ 걷잡을 수 없어진 지구 온난화에 적응을 하지 못한 식물들이 한꺼번에 죽어 부패하면 그 속에 가두어져 있는 탄소가 대기로 방출된다고 언급하고 있다. 따라서 생명체가 소멸되면 탄소 순환 고리가 끊길 수 있지만, 대기 중의 탄소가 사라지는 것은 아니다.

» ANSWER

9.④

10 다음 중 제시된 문장의 밑줄 친 어휘와 같은 의미로 사용된 것을 고르면?

> 심사 위원들은 이번에 응시한 수험생들에 대해 대체로 높은 평가를 <u>내렸다</u>.

① 이 지역은 강우가 산발적으로 <u>내리는</u> 경향이 있다.
② 그녀는 얼굴의 부기가 <u>내리지</u> 않아 외출을 하지 않기로 했다.
③ 먹은 것을 <u>내리려면</u> 적당한 운동을 하는 것이 좋다.
④ 중대장은 적진으로 돌격하겠다는 결단을 <u>내리고</u> 소대장들을 불렀다.

　　(Point) ① 눈, 비, 서리, 이슬 따위가 오다.
　　　　　② 쪘거나 부었던 살이 빠지다.
　　　　　③ 먹은 음식물 따위가 소화되다. 또는 그렇게 하다.
　　　　　④ 판단, 결정을 하거나 결말을 짓다.

11 다음 제시된 단어의 표준 발음으로 적절하지 않은 것은?

① 앞으로[아프로]
② 젊어[절머]
③ 값을[갑슬]
④ 헛웃음[허두슴]

　　(Point) ③ 겹받침이 모음으로 시작된 조사나 어미, 접미사와 결합되는 경우에는, 뒤엣것만을 뒤 음절 첫소
　　　　　리로 옮겨 발음한다. 이 경우, 'ㅅ'은 된소리로 발음한다. 따라서 '값을'은 [갑쓸]로 발음해야 한다.

≫ ANSWER
10.④ 11.③

12 다음 현상 중 일어난 시기가 빠른 순서대로 바르게 적은 것은?

㉠ ·(아래 아)음의 완전 소실	㉡ 치음 뒤 'ㅑ'의 단모음화
㉢ 초성글자 'ㆆ'의 소실	㉣ 구개음화

① ㉠㉢㉡㉣　　　　　　　　　② ㉡㉣㉢㉠

③ ㉢㉣㉠㉡　　　　　　　　　④ ㉣㉠㉡㉢

🔊(Point) ·(아래 아)음이 완전히 소실되는 것은 18세기 중엽이며, 단모음화는 18세기 후반에 일어났다. 초성글자 'ㆆ'의 소실은 15세기 중엽에 일어났으며, 구개음화는 대체로 17세기 말~18세기 초에 나타난다.

13 국어의 주요한 음운 변동을 다음과 같이 유형화할 때 '홑이불'에 일어나는 음운 변동 유형으로 옳은 것은?

	변동 전		변동 후
㉠	XaY	→	XbY
㉡	XY	→	XaY
㉢	XabY	→	XcY
㉣	XaY	→	XY

① ㉠, ㉡　　　　　　　　　　② ㉠, ㉣

③ ㉡, ㉢　　　　　　　　　　④ ㉡, ㉣

🔊(Point) ㉠ 교체, ㉡ 첨가, ㉢ 축약, ㉣ 탈락이다.
홑이불→[혿이불](음절의 끝소리 규칙: 교체)→[혿니불](ㄴ 첨가: 첨가)→[혼니불](비음화: 교체)

14 다음 밑줄 친 서술어 중에 필요로 하는 문장 성분이 가장 많은 것은?

① 개나리꽃이 활짝 <u>피었다</u>.

② 철수는 훌륭한 의사가 <u>되었다</u>.

③ 영희는 철수에게 선물을 <u>주었다</u>.

④ 우리 강아지가 낯선 사람을 <u>물었다</u>.

📢 **(Point)** ① '피었다'는 주어(개나리꽃이)를 필요로 하는 한 자리 서술어이다.
② '되었다'는 주어(철수는)와 보어(의사가)를 필요로 하는 두 자리 서술어이다.
③ '주었다'는 주어(영희는)와 부사어(철수에게), 목적어(선물을)를 필요로 하는 세 자리 서술어이다.
④ '물었다'는 주어(강아지가)와 목적어(사람을)를 필요로 하는 두 자리 서술어이다.

15 다음 글의 설명 방식과 가장 가까운 것은?

> 여름 방학을 맞이하는 학생들이 잊지 말아야 할 유의 사항이 있다. 상한 음식이나 비위생적인 음식 먹지 않기, 물놀이를 할 때 먼저 준비 운동을 하고 깊은 곳에 들어가지 않기, 외출할 때에는 부모님께 행선지와 동행인 말씀드리기, 외출한 후에는 손발을 씻고 몸을 청결하게 하기 등이다.

① 이등변 삼각형이란 두 변의 길이가 같은 삼각형이다.

② 그 친구는 평소에는 순한 양인데 한번 고집을 피우면 황소 같아.

③ 나는 산 · 강 · 바다 · 호수 · 들판 등 우리 국토의 모든 것을 사랑한다.

④ 잣나무는 소나무처럼 상록수이며 추운 지방에서 자라는 침엽수이다.

📢 **(Point)** 제시문은 학생들이 잊지 말아야 할 유의사항들을 구체적 '예시'를 들어 설명하고 있으므로 답지도 이와 같이 '예시'로 이루어진 문장을 찾으면 된다.
① 정의 ② 비유 ③ 예시 ④ 비교

16 다음 글의 빈칸에 들어갈 문장으로 가장 적절한 것은?

> 나무도마는 칼을 무수히 맞고도 칼을 밀어내지 않는다. 상처에 다시 칼을 맞아 골이 패고 물에 쓸리고 물기가 채 마르기 전에 또 다시 칼을 맞아도 리드미컬한 신명을 부른다. 가족이거나 가족만큼 가까운 사이라면 한번쯤 느낌직한, 각별한 예의를 차리지 않다 보니 날것의 사랑과 관심은 상대에게 상처주려 하지 않았으나 상처가 될 때가 많다. 칼자국은 (   ) 심사숙고하는 문어체와 달리 도마의 무늬처럼 걸러지지 않는 대화가 날것으로 살아서 가슴에 요동치기도 한다. 그러나 칼이 도마를 겨냥한 것이 아니라 단지 음식재료에 날을 세우는 것일 뿐이라는 걸 확인시키듯 때론 정감 어린 충고가 되어 찍히는 칼날도 있다.

① 나무도마를 상처투성이로 만든다.
② 문어체가 아닌 대화체이다.
③ 세월이 지나간 자리이다.
④ 매섭지만 나무도마를 부드럽게 만든다.

🔊 **Point** 주어진 빈칸의 뒤에 오는 문장에서 문어체와 대화체의 특성을 설명하고 있으므로 빈칸에는 ②가 오는 것이 적절하다.

17 밑줄 친 부분이 다음과 같은 성격을 가지는 품사에 속하지 않는 것은?

> • 체언 앞에 놓여서 체언, 주로 명사를 꾸며준다.
> • 조사와 결합할 수 없으며 형태가 변하지 않는다.
> • 체언 중 수사와는 결합할 수 없다.

① <u>새</u> 옷
② <u>외딴</u> 오두막집
③ <u>매우</u> 빠른
④ <u>순</u> 우리말

🔊 **Point** ①②④ 관형사 ③ 부사

> ☆ **Plus tip 수식언**
> ㉠ 관형사 … 체언을 꾸며 주는 구실을 하는 단어를 말한다. **데** 새 책, 헌 옷
> ㉡ 부사 … 주로 용언을 꾸며 주는 구실을 하는 단어를 말한다. **데** 빨리, 졸졸, 그러나

» ANSWER
16.② 17.③

18 어문 규정에 모두 맞게 표기된 문장은?

① 휴계실 안이 너무 시끄러웠다.

② 오늘은 웬지 기분이 좋습니다.

③ 밤을 세워 시험공부를 했습니다.

④ 아까는 어찌나 배가 고프던지 아무 생각도 안 나더라.

> 🔊 Point ① 휴계실 → 휴게실
> ② 웬지 → 왠지
> ③ 세워 → 새워

19 다음 중 발음이 옳은 것은?

① 아이를 안고[앙꼬] 힘겹게 계단을 올라갔다.

② 그는 이웃을 웃기기도[우 : 끼기도]하고 울리기도 했다.

③ 무엇에 홀렸는지 넋이[넉씨] 다 나간 모습이었지.

④ 무릎과[무릅과] 무릎을 맞대고 협상을 계속한다.

> 🔊 Point ① 안고[안 : 꼬]
> ② 웃기기도[욷끼기도]
> ④ 무릎과[무릅꽈]

>> ANSWER

18.④ 19.③

20 〈보기 1〉의 사례와 〈보기 2〉의 언어 특성이 가장 잘못 짝지어진 것은?

〈보기 1〉

㉮ '영감(令監)'은 정삼품과 종이품 관원을 일컫던 말에서 나이 든 남편이나 남자 노인을 일컫는 말로 의미가 변하였다.

㉯ '물'이라는 의미의 말소리 [물]을 내 마음대로 [불]로 바꾸면 다른 사람들은 '물'이라는 의미로 이해할 수 없다.

㉰ '물이 깨끗해'라는 말을 배운 아이는 '공기가 깨끗해'라는 새로운 문장을 만들어 낸다.

㉱ '어머니'라는 의미를 가진 말을 한국어에서는 '어머니'로, 영어에서는 'mother'로, 독일어에서는 'mutter'라고 한다.

〈보기 2〉

㉠ 규칙성　　　　　　　　　㉡ 역사성
㉢ 창조성　　　　　　　　　㉣ 사회성

① ㉮ – ㉡　　　　　　　　　② ㉯ – ㉣
③ ㉰ – ㉢　　　　　　　　　④ ㉱ – ㉠

📢 (Point) ④ ㉱는 자의성과 관련된 사례이다. 자의성은 언어의 '의미'와 '기호' 사이에는 필연적인 관계가 없다는 특성이다.

> ☆ Plus tip 언어의 특성
> ㉠ 기호성 : 언어는 의미라는 내용과 말소리 혹은 문자라는 형식이 결합된 기호로 나타난다.
> ㉡ 자의성 : 언어에서 의미와 소리의 관계가 임의적으로 이루어진다.
> ㉢ 사회성 : 언어가 사회적으로 수용된 이후에는 어느 개인이 마음대로 바꿀 수 없다.
> ㉣ 역사성 : 언어는 시간의 흐름에 따라 변한다.
> ㉤ 규칙성 : 모든 언어에는 일정한 규칙(문법)이 있다.
> ㉥ 창조성 : 무수히 많은 단어와 문장을 만들 수 있다.
> ㉦ 분절성 : 언어는 연속적으로 이루어져 있는 세계를 불연속적으로 끊어서 표현한다.

1 다음 중 표기가 바르지 않은 것은?

① 상추　　　　　　　　　　② 아무튼

③ 비로서　　　　　　　　　④ 부리나케

🔊(Point) ③ 비로서 → 비로소

☆ Plus tip 한글 맞춤법 제19항 '-이, -음'이 붙은 파생어의 적기

어간에 '-이'나 '-음/ㅁ'이 붙어서 명사로 된 것과 '-이'나 '-히'가 붙어서 부사로 된 것은 그 어간의 원형을 밝히어 적는다

㉠ '-이'가 붙어서 명사로 된 것

　길이　깊이　높이　다듬이　땀받이　달맞이　먹이　미닫이　벌이　벼훑이　살림살이　쇠붙이

㉡ '-음/-ㅁ'이 붙어서 명사로 된 것

　걸음　묶음　믿음　얼음　엮음　울음　웃음　졸음　죽음　앎　만듦

㉢ '-이'가 붙어서 부사로 된 것

　같이　굳이　길이　높이　많이　실없이　좋이　짓궂이

㉣ '-히'가 붙어서 부사로 된 것

　밝히　익히　작히

다만, 어간에 '-이'나 '-음'이 붙어서 명사로 바뀐 것이라도 그 어간의 뜻과 멀어진 것은 원형을 밝히어 적지 아니한다.

굽도리　다리[髢]　목거리(목병)　무녀리　코끼리　거름(비료)　고름(膿)　노름(도박)

[붙임] 다만, 어간에 '-이'나 '-음' 이외의 모음으로 시작된 접미사가 붙어서 다른 품사로 바뀐 것은 그 어간의 원형을 밝히어 적지 아니한다.

㉠ 명사로 바뀐 것

　귀머거리　까마귀　너머　뜨더귀　마감　마개　마중　무덤　비렁뱅이　쓰레기　올가미　주검

㉡ 부사로 바뀐 것

　거뭇거뭇　너무　도로　뜨덤뜨덤　바투　불긋불긋　비로소　오긋오긋　자주　차마

㉢ 조사로 바뀌어 뜻이 달라진 것

　나마　부터　조차

>> ANSWER

1.③

2 다음에서 알 수 있는 '나'의 이름은?

> 안녕하세요? 제 소개를 하겠습니다. 먼저 제 이름은 혀의 뒷부분과 여린입천장 사이에서 나오는 소리가 한 개 들어 있습니다. 비음은 포함되어 있지 않고 파열음과 파찰음이 총 세 개나 들어가 있어 센 느낌을 줍니다. 제 이름을 발음할 때 혀의 위치는 가장 낮았다가 조금 올라가면서 입술이 둥글게 오므려집니다. 제 이름은 무엇일까요?

① 정미   ② 하립
③ 준휘   ④ 백조

🔊 **Point**
- 혀의 뒷부분과 여린입천장 사이에서 나오는 소리(연구개음) 한 개 → ㅇ, ㄱ/ㄲ/ㅋ 중 한 개
- 비음은 포함되어 있지 않음 → ㄴ, ㅁ, ㅇ 포함되어 있지 않음
- 파열음과 파찰음이 총 세 개 → ㅂ/ㅃ/ㅍ, ㄷ/ㄸ/ㅌ, ㄱ/ㄲ/ㅋ 또는 ㅈ/ㅉ/ㅊ 중 총 세 개
- 혀의 위치는 가장 낮았다가 조금 올라가면서 입술이 둥글게 오므려짐 → 저모음에서 중모음, 원순모음으로 변화
  따라서 위의 조건에 모두 해당하는 이름은 '백조'이다.

3 소설 「동백꽃」를 읽고 한 활동 중, 밑줄 친 ㉠부분과 관계있는 것은?

> 보편적인 독서 방법은 글을 다음과 같이 다섯 단계로 나누어 읽는 것이다. 먼저 글의 제목, 소제목, 첫 부분, 마지막 부분 등 글의 주요 부분만을 보고 그 내용을 짐작하는 훑어보기 단계. 훑어본 내용을 근거로 하여 글의 중심 내용이 무엇인지를 마음속으로 묻는 질문하기 단계, 글을 차분히 읽으며 그 내용을 하나하나 확인하고 파악하는 자세히 읽기 단계, 읽은 글의 내용을 떠올리며 마음속으로 정리하는 ㉠되새기기 단계, 지금까지 읽은 모든 내용들을 살펴보고 전체 내용을 정리하는 다시 보기 단계가 그것이다.

① 동백꽃이란 제목을 보면서 글의 내용을 파악한다.
② 소설에서 동백꽃의 의미는 무엇인지 스스로 질문해 본다.
③ 이 소설이 전하고자 하는 주제가 무엇인지 곰곰이 생각해 본다.
④ 점순이와 나의 순박한 모습을 떠올리며 감상문을 썼다.

🔊 **Point** ① 훑어보기 단계
　　　　② 질문하기 단계
　　　　④ 정리하기 단계

≫ ANSWER
2.④ 3.③

4 다음 밑줄 친 것 중 서술어 자릿수가 다른 것은?

① 우체통에 편지 좀 <u>넣어</u> 줄 수 있니?

② 너에게 고맙다는 말을 <u>전하고</u> 싶어.

③ 그 <u>두꺼운</u> 책을 다 읽었니?

④ 네가 <u>보낸</u> 선물은 잘 받았어.

📢(Point) '두껍다'는 '무엇이 어찌하다'라는 한 자리 서술어이다.
　　① '누가 무엇을 어디에 넣다'라는 세 자리 서술어
　　② '누가 누구에게 무엇을 전하다'라는 세 자리 서술어
　　④ '누가 무엇을 누구에게 보내다'라는 세 자리 서술어

> 🐷 **Plus tip 서술어의 자릿수**
> 서술어의 자릿수란 서술어가 요구하는 필수성분의 수를 말하며, 필수성분이란 주어, 목적어, 보어, 부사어이다.
>
> | 종류 | 뜻 | 형태와 예 |
> |---|---|---|
> | 한 자리 서술어 | 주어만 요구하는 서술어 | 주어 + 서술어
예 새가 운다. |
> | 두 자리 서술어 | 주어 이외에 또 하나의 필수적 문장 성분을 요구하는 서술어 | • 주어 + 목적어 + 서술어
예 나는 물을 마셨다.
• 주어 + 보어 + 서술어
예 물이 얼음이 된다.
• 주어 + 부사어 + 서술어
예 그는 지리에 밝다. |
> | 세 자리 서술어 | 주어 이외에 두 개의 필수적 문장 성분을 요구하는 서술어 | • 주어 + 부사어 + 목적어 + 서술어
예 진희가 나에게 선물을 주었다.
• 주어 + 목적어 + 부사어 + 서술어
예 누나가 나를 시골에 보냈다. |

>> ANSWER

4.③

5 모음을 다음과 같이 ㉠, ㉡으로 분류하였다. 그 기준이 되는 것은?

㉠ ㅗ, ㅚ, ㅜ, ㅟ   ㉡ ㅏ, ㅐ ㅓ, ㅔ, ㅡ, ㅣ

① 혀의 높이
② 입술 모양
③ 혀의 길이
④ 혀의 앞뒤 위치

📢 **Point** 모음은 입술의 모양, 혀의 앞뒤 위치, 혀의 높낮이에 따라 분류할 수 있다. ㉠은 원순 모음이고 ㉡은 평순 모음으로 입술 모양에 따라 모음을 분류한 것이다.

⭐ **Plus tip 모음 체계표**

혀의 앞뒤 / 혀의 높이	전설 모음		후설 모음	
	평순 모음	원순 모음	평순 모음	원순 모음
고모음	ㅣ	ㅟ	ㅡ	ㅜ
중모음	ㅔ	ㅚ	ㅓ	ㅗ
저모음	ㅐ		ㅏ	

6 다음 글의 중심내용으로 적절한 것은?

> 행랑채가 퇴락하여 지탱할 수 없게끔 된 것이 세 칸이었다. 나는 마지못하여 이를 모두 수리하였다. 그런데 그중의 두 칸은 앞서 장마에 비가 샌 지가 오래되었으나, 나는 그것을 알면서도 이럴까 저럴까 망설이다가 손을 대지 못했던 것이고, 나머지 한 칸은 비를 한 번 맞고 샜던 것이라 서둘러 기와를 갈았던 것이다. 이번에 수리하려고 본즉 비가 샌 지 오래된 것은 그 서까래, 추녀, 기둥, 들보가 모두 썩어서 못 쓰게 되었던 까닭으로 수리비가 엄청나게 들었고, 한 번밖에 비를 맞지 않았던 한 칸의 재목들은 완전하여 다시 쓸 수 있었던 까닭으로 그 비용이 많이 들지 않았다.
>
> 나는 이에 느낀 것이 있었다. 사람의 몸에 있어서도 마찬가지라는 사실을. 잘못을 알고서도 바로 고치지 않으면 곧 그 자신이 나쁘게 되는 것이 마치 나무가 썩어서 못 쓰게 되는 것과 같으며, 잘못을 알고 고치기를 꺼리지 않으면 해(害)를 받지 않고 다시 착한 사람이 될 수 있으니, 저 집의 재목처럼 말끔하게 다시 쓸 수 있는 것이다. 뿐만 아니라 나라의 정치도 이와 같다. 백성을 좀먹는 무리들을 내버려두었다가는 백성들이 도탄에 빠지고 나라가 위태롭게 된다. 그런 연후에 급히 바로잡으려 하면 이미 썩어 버린 재목처럼 때는 늦은 것이다. 어찌 삼가지 않겠는가.

① 모든 일에 기초를 튼튼히 해야 한다.
② 청렴한 인재 선발을 통해 정치를 개혁해야 한다.
③ 잘못을 알게 되면 바로 고쳐 나가는 자세가 중요하다.
④ 훌륭한 위정자가 되기 위해서는 매사 삼가는 태도를 지녀야 한다.

📢 (Point) 첫 번째 문단에서 문제를 알면서도 고치지 않았던 두 칸을 수리하는 데 수리비가 많이 들었고, 비가 새는 것을 알자마자 수리한 한 칸은 비용이 많이 들지 않았다고 하였다. 또한 두 번째 문단에서 잘못을 알면서도 바로 고치지 않으면 자신이 나쁘게 되며, 잘못을 알자마자 고치기를 꺼리지 않으면 다시 착한 사람이 될 수 있다하며 이를 정치에 비유해 백성을 좀먹는 무리들을 내버려 두어서는 안 된다고 서술하였다. 따라서 글의 중심내용으로는 잘못을 알게 되면 바로 고쳐 나가는 것이 중요하다가. 적합하다.

>> ANSWER

6.③

7 다음 주어진 글의 밑줄 친 곳에 들어갈 내용으로 적절한 것은?

> 천재성에 대해서는 두 가지 서로 다른 직관이 존재한다. 개별 과학자의 능력에 입각한 천재성과 후대의 과학발전에 끼친 결과를 고려한 천재성이다. 개별 과학자의 천재성은 일반 과학자의 그것을 뛰어넘는 천재적인 지적 능력을 의미한다. 후자의 천재성은 과학적 업적을 수식한다. 이 경우 천재적인 과학적 업적이란 이전 세대 과학을 혁신적으로 바꾼 정도나 그 후대의 과학에 끼친 영향의 정도를 의미한다. 다음과 같은 두 주장을 생각해 보자. 첫째, 과학적으로 천재적인 업적을 낸 사람은 모두 천재적인 능력을 소유하고 있다. 둘째, 천재적인 능력을 소유한 과학자는 모두 반드시 천재적인 업적을 낸다. 역사적으로 볼 때 천재적인 능력을 갖추고도 천재적인 업적을 내지 못한 과학자는 많다. 이는 천재적인 능력을 갖고 태어난 사람들의 수에 비해서 천재적인 업적을 낸 과학자의 수가 상대적으로 적다는 사실만 보아도 쉽게 알 수 있다. 실제로 많은 나라에서 영재학교를 운영하고 있으며, 이들 학교에는 정도의 차이는 있지만 평균보다 탁월한 지적 능력을 보이는 학생들이 많이 있다. 그러나 이들 가운데 단순히 뛰어난 과학적 업적이 아니라 과학의 발전과정을 혁신적으로 바꿀 혁명적 업적을 내는 사람은 매우 드물다. 그러므로 _____

① 천재적인 업적을 남기는 것은 천재적인 과학자만이 할 수 있는 것은 아니다.
② 우리는 천재적인 업적을 남겼다고 평가 받는 과학자를 존경해야 한다.
③ 아이들을 영재로 키우는 것이 과학사 발전에 이바지하는 것이다.
④ 천재적인 과학자라고 해서 반드시 천재적인 업적을 남기는 것은 아니라고 할 수 있다.

🔊 (Point) 주어진 글은 천재성에 대한 천재적인 능력과 천재적인 업적이라는 두 가지 직관에 대해 말한다. 빈칸은 앞서 말한 내용을 한 문장으로 정리한 것이고, 빈칸의 앞에서 천재적인 능력을 가진 이들이 많다고 해도 이들 중 천재적인 업적을 내는 사람은 매우 드물다고 했으므로 이를 한 문장으로 정리한 ④번이 빈칸에 들어가는 것이 적절하다.

›› ANSWER

7.④

8 다음 글의 논지 전개 과정으로 옳은 것은?

> 어떤 심리학자는 "언어가 없는 사고는 없다. 우리가 머릿속으로 생각하는 것은 소리 없는 언어일 뿐이다."라고 하여 언어가 없는 사고가 불가능하다는 이론을 폈으며, 많은 사람들이 이에 동조(同調)했다. 그러나 우리는 어떤 생각은 있으되 표현할 적당한 말이 없는 경우가 얼마든지 있으며, 생각만은 분명히 있지만 말을 잊어서 표현에 곤란을 느끼는 경우도 있는 것을 경험한다. 이런 사실로 미루어 볼 때 언어와 사고가 불가분의 관계에 있는 것은 아니다.

① 전제 – 주지 – 부연   ② 주장 – 상술 – 부연
③ 주장 – 반대논거 – 반론   ④ 문제제기 – 논거 – 주장

🔊 **Point** 제시된 글은 "언어가 없는 사고는 불가능하다."는 주장을 하다가 '표현할 적당한 말이 없는 경우와 표현이 곤란한 경우'의 논거를 제시하면서 "언어와 사고가 불가분의 관계에 있는 것이 아니다."라고 반론을 제기하고 있다.

9 다음 글의 목적으로 적절한 것은?

> 나는 왜놈이 지어준 몽우리돌대로 가리라 하고 굳게 결심하고 그 표로 내 이름 김구(金龜)를 고쳐 김구(金九)라 하고 당호 연하를 버리고 백범이라고 하여 옥중 동지들에게 알렸다. 이름자를 고친 것은 왜놈의 국적에서 이탈하는 뜻이요, '백범'이라 함은 우리나라에서 가장 천하다는 백정과 무식한 범부까지 전부가 적어도 나만한 애국심을 가진 사람이 되게 하자 하는 내 원을 표하는 것이니 우리 동포의 애국심과 지식의 정도를 그만큼이라도 높이지 아니하고는 완전한 독립국을 이룰 수 없다고 생각한 것이었다.

① 지식이나 정보의 전달   ② 독자의 생각과 행동의 변화촉구
③ 문학적 감동과 쾌락 제공   ④ 독자에게 간접체험의 기회 제공

🔊 **Point** ② 김구의 「나의 소원」은 호소력 있는 글로 독자의 행동과 태도 변화를 촉구하고 있다.

» ANSWER
8.③ 9.②

10 다음 밑줄 친 부분의 현대어 풀이로 잘못된 것은?

> ㉠ 이 몸 삼기실 제 님을 조차 삼기시니,
> 호싱 緣연分분이며 하늘 모를 일이런가.
> ㉡ 나 ᄒ나 졈어 잇고 님 ᄒ나 날 괴시니,
> 이 ᄆ음 이 ᄉ랑 견졸 ᄃ 노여 업다.
> ㉢ 平평生싱애 願원ᄒ요ᄃ 흔ᄃ 녜쟈 ᄒ얏더니,
> ㉣ 늙거야 므스 일로 외오 두고 글이는고.
> 엇그제 님을 뫼셔 廣광寒한殿뎐의 올낫더니,
> 그 더ᄃ 엇디ᄒ야 下하界계예 ᄂ려오니,
> 올적의 비슨 머리 얼킈연디 三삼年년이라.

① ㉠ 이 몸이 태어날 때 임을 따라 태어나니
② ㉡ 나 혼자만 젊어있고 임은 홀로 나를 괴로이 여기시니
③ ㉢ 평생에 원하되 임과 함께 살아가려 했더니
④ ㉣ 늙어서야 무슨 일로 외따로 그리워하는고?

📢 (Point) ② '괴시니'의 기본형은 '괴다'로 사랑한다는 의미이다. 따라서 ㉡의 밑줄 친 부분은 '나는 오직 젊어 있고, 임은 오직 나를 사랑하시니'로 풀이해야 한다.

11 다음 국어사전의 정보를 참고할 때, 접두사 '군-'의 의미가 다른 것은?

> 군 – 접사 (일부 명사 앞에 붙어)
> ① '쓸데없는'의 뜻을 더하는 접두사
> ② '가외로 더한', '덧붙은'의 뜻을 더하는 접두사

① 그녀는 신혼살림에 군식구가 끼는 것을 원치 않았다.
② 이번에 지면 더 이상 군말하지 않기로 합시다.
③ 건강을 유지하려면 운동을 해서 군살을 빼야 한다.
④ 그는 꺼림칙한지 군기침을 두어 번 해 댔다.

📢 (Point) ① '가외로 더한', '덧붙은'의 의미를 가짐
②③④ '쓸데없는'의 의미를 가짐

12 밑줄 친 부분의 표준 발음으로 옳지 않은 것은?

① 두 사람 사이에 정치적 <u>연계</u>가 있는 것이 분명했다.→[연계]

② 반복되는 벽지 <u>무늬</u>가 마치 나의 하루와 같아 보였다.→[무니]

③ 그는 하늘을 <u>뚫는</u> 거대한 창을 가지고 나타났다.→[뚤는]

④ 그는 모든 물건을 정해진 자리에 <u>놓는</u> 습관이 있었다.→[논는]

🔊 **Point** ③ 'ᄚ, ᄚ' 뒤에 'ㄴ'이 결합되는 경우에는, 'ㅎ'을 발음하지 않는다. 또한 'ㄴ'은 'ㄹ'의 앞이나 뒤에서 [ㄹ]로 발음한다. 따라서 '뚫는'은 [뚤른]으로 발음한다.

① '예, 례' 이외의 'ㅖ'는 [ㅔ]로도 발음한다. 따라서 연계[연계/연게]로 발음한다.

② 자음을 첫소리로 가지고 있는 음절의 'ㅢ'는 [ㅣ]로 발음한다.

④ 'ㅎ' 뒤에 'ㄴ'이 결합되는 경우에는, [ㄴ]으로 발음한다.

☆ **Plus tip 자음동화**

자음과 자음이 만나면 서로 영향을 주고받아 한쪽이나 양쪽 모두 비슷한 소리로 바뀌는 현상을 말한다.

예 밥물[밤물], 급류[금뉴], 몇 리[면니], 남루[남누], 난로[날로]

㉠ 비음화…비음의 영향을 받아 원래 비음이 아닌 자음이 비음(ㄴ, ㅁ, ㅇ)으로 바뀌는 현상을 말한다.

예 밥물→[밤물], 닫는→[단는], 국물→[궁물]

㉡ 유음화…유음이 아닌 자음이 유음으로 바뀌는 현상으로, 'ㄴ'과 'ㄹ'이 만났을 때 'ㄴ'이 'ㄹ'로 바뀌는 것을 말한다.

예 신라→[실라], 칼날→[칼랄], 앓는→[알는]→[알른]

>> ANSWER

12.③

13 다음 중 ㉠에 대한 설명으로 옳지 않은 것은?

> 나·랏:말쏘·미 中듕國·귁·에 달·아, 文문字·쫑·와·로 서르 스뭇·디 아·니홀·
> 씨·이런 젼·ᄎ·로 어·린 百·빅姓·셩·이 니르·고·져 ·홇·배 이·셔·도, ᄆᆞ·ᄎᆞᆷ:
> 내 제·ᄠᅳ·들 시·러펴·디:몯홇·노·미 하·니·라 내·이·롤 爲·윙·ᄒᆞ·야:어
> 엿·비 너·겨·새·로㉠·스·믈여·듦字·쫑·롤 밍·ᄀᆞ노·니, :사ᄅᆞᆷ:마·다:ᄒᆡ·ᅇᅧ
> :수·비 니·겨·날·로·뿌·메 便뼌安한·킈ᄒᆞ·고·져 홇ᄯᆞᄅᆞ·미니·라.

① 초성은 발음기관을 상형하여 'ㄱ, ㄴ, ㅁ, ㅅ, ㅇ'을 기본자로 했다.

② 초성은 'ㆁ, ㅿ, ㆆ, ㅸ'을 포함하여 모두 17자이다.

③ 중성은 '·, ㅡ, ㅣ, ㅗ, ㅏ, ㅜ, ㅓ, ㅛ, ㅑ, ㅠ, ㅕ'의 11자이다.

④ 현대 국어에서 쓰이지 않는 문자는 'ㆁ, ㅿ, ㆆ, ·'의 4가지이다.

🔊 **Point** ② 순경음 'ㅸ'은 초성에 포함되지 않는다.

☆ **Plus tip** 훈민정음의 제자 원리

㉠ 초성(자음, 17자) … 발음 기관 상형 및 가획(加劃)

명칭	기본자	가획자	이체자
아음(牙音)	ㄱ	ㅋ	ㆁ
설음(舌音)	ㄴ	ㄷ, ㅌ	ㄹ(반설)
순음(脣音)	ㅁ	ㅂ, ㅍ	
치음(齒音)	ㅅ	ㅈ, ㅊ	ㅿ(반치)
후음(喉音)	ㅇ	ㆆ, ㅎ	

㉡ 중성(모음, 11자) … 삼재(三才: 天, 地, 人)의 상형 및 기본자의 합성

구분	기본자	초출자	재출자
양성 모음	·	ㅗ, ㅏ	ㅛ, ㅑ
음성 모음	ㅡ	ㅜ, ㅓ	ㅠ, ㅕ
중성 모음	ㅣ		

㉢ 종성(자음) … 따로 만들지 않고 초성을 다시 쓴다[종성부용초성(終聲復用初聲)].

≫ ANSWER

13.②

14 다음 글의 특징으로 옳지 않은 것은?

> 낮때쯤 하여 밭에 나갔더니 가겟집 주인 강 군이 시내에 들어갔다 나오는 길이라면서, 오늘 아침 삼팔 전선(三八全線)에 걸쳐서 이북군이 침공해 와서 지금 격전 중이고, 그 때문에 시내엔 군인의 비상소집이 있고, 거리가 매우 긴장해 있다는 뉴스를 전하여 주었다.
> 마(魔)의 삼팔선에서 항상 되풀이하는 충돌의 한 토막인지, 또는 강 군이 전하는 바와 같이 대규모의 침공인지 알 수 없으나, 시내의 효상(爻象)을 보고 온 강 군의 허둥지둥하는 양으로 보아 사태는 비상한 것이 아닌가 싶다. 더욱이 이북이 조국 통일 민주주의 전선(祖國統一民主主義戰線)에서 이른바 호소문을 보내어 온 직후이고, 그 글월을 가져오던 세 사람이 삼팔선을 넘어서자 군 당국에 잡히어 문제를 일으킨 것을 상기(想起)하면 저쪽에서 계획적으로 꾸민 일련의 연극일는지도 모를 일이다. 평화적으로 조국을 통일하자고 호소하여도 듣지 않으니 부득이 무력(武力)을 행사할 수밖에 없다고.

① 대개 하루 동안 일어난 일을 적는다.
② 개인의 삶을 있는 그대로 기록한 글이다.
③ 글의 형식이 일정하게 정해져 있지 않다.
④ 대상 독자를 고려하면서 이해하기 쉽도록 쓴다.

🔊 **(Point)** 제시된 글은 하루의 생활에서 보고, 듣고, 느낀 것 중 인상 깊고 의의 있었던 일을 사실대로 기록한 일기문에 해당한다. 일기문은 독자적·고백적인 글, 사적(私的)인 글, 비공개적인 글, 자유로운 글, 자기 역사의 기록, 자기 응시의 글의 특징을 지니고 있다.
④ 일기문은 자기만의 비밀 세계를 자기만이 간직한다는 것을 전제로 하는 비공개적인 글이다.
※ 김성칠의 「역사 앞에서」
 ㉠ 갈래 : 일기문
 ㉡ 주제 : 한국 전쟁 속에서의 지식인의 고뇌
 ㉢ 성격 : 사실적, 체험적
 ㉣ 특징 : 역사의 격동기를 살다간 한 역사학자가 쓴 일기로, 급박한 상황 속에서 글쓴이가 가족의 안위에 대한 염려와 민족의 운명에 대한 고뇌를 담담히 술회한 내용을 담고 있다.

» ANSWER
14.④

15 다음 중 표준어가 아닌 것은?

① 수평아리   ② 숫염소

③ 수키와   ④ 숫은행나무

📢 ⟨Point⟩ ④ 숫은행나무 → 수은행나무

☆ **Plus tip** 표준어 규정 제7항

수컷을 이르는 접두사는 '수-'로 통일한다.(ㄱ을 취하고, ㄴ을 버림)

ㄱ	ㄴ
수-꿩	수-퀑/숫-꿩
수-나사	숫-나사
수-놈	숫-놈
수-사돈	숫-사돈
수-소	숫-소
수-은행나무	숫-은행나무

다만 1 : 다음 단어에서는 접두사는 다음에서 나는 거센소리를 인정한다. 접두사 '암-'이 결합되는 경우에도 이에 준한다(ㄱ을 취하고, ㄴ을 버림)

ㄱ	ㄴ
수-캉아지	숫-강아지
수-캐	숫-개
수-컷	숫-것
수-키와	숫-기와
수-탉	숫-닭
수-톨쩌귀	숫-돌쩌귀
수-탕나귀	숫-당나귀
수-퇘지	숫-돼지
수-평아리	숫-병아리

다만2 : 다음 단어의 접두사는 '숫'으로 한다.

숫양 숫염소 숫쥐

---

16 다음 중 밑줄 친 단어의 맞춤법이 옳은 것은?

① 그의 무례한 행동은 저절로 눈쌀을 찌푸리게 했다.

② 손님은 종업원에게 당장 주인을 불러오라고 닥달하였다.

③ 멸치와 고추를 간장에 졸였다.

④ 걱정으로 밤새 마음을 졸였다.

📢 **Point** ① 눈쌀 → 눈살

② 닥달하였다 → 닦달하였다

③ 졸였다 → 조렸다

> ☆ **Plus tip** '졸이다'와 '조리다'
>
> ㉠ 졸이다 : 찌개, 국, 한약 따위의 물이 증발하여 분량이 적어지다. 또는 속을 태우다시피 초조해하다.
>
> ㉡ 조리다 : 양념을 한 고기나 생선, 채소 따위를 국물에 넣고 바짝 끓여서 양념이 배어들게 하다.

17 다음 중 제시된 문장의 밑줄 친 어휘와 같은 의미로 사용된 것을 고르면?

> 새로 지은 아파트는 뒷산의 경관을 해치고 있다.

① 모두들 미풍양속을 해치지 않도록 주의하시기 바랍니다.

② 담배는 모든 사람의 건강을 해친다.

③ 그는 잦은 술자리로 몸을 해쳐 병을 얻었다.

④ 안심해. 아무도 널 해치지 않을 거야.

📢 **Point** ① 어떤 상태에 손상을 입혀 망가지게 하다.

②③ 사람의 마음이나 몸에 해를 입히다.

④ 다치게 하거나 죽이다.

≫ ANSWER

16.④ 17.①

18 다음 중 밑줄 친 부분의 맞춤법 표기가 바른 것은?

① 벌레 한 마리 때문에 학생들이 <u>법썩</u>을 떨었다.

② <u>실낱같은</u> 희망을 버리지 않고 있다.

③ <u>오뚜기</u> 정신으로 위기를 헤쳐 나가야지.

④ <u>더우기</u> 몹시 무더운 초여름 날씨를 예상한다.

(Point) ① 법썩 → 법석
③ 오뚜기 → 오뚝이
④ 더우기 → 더욱이

19 다음 중 관용 표현이 사용되지 않은 것은?

① 甲은 乙의 일이라면 가장 먼저 발 벗고 나섰다.

② 아이는 손을 크게 벌려 꽃 모양을 만들어 보였다.

③ 지후는 발이 길어 부르지 않아도 먹을 때가 되면 나타났다.

④ 두 사람은 매일같이 서로 바가지를 긁어대도 누가 봐도 사이좋은 부부였다.

(Point) ②에서 나타난 손을 벌리다는 '무엇을 달라고 요구하거나 구걸하다'는 뜻의 관용표현이 아닌 손을 벌리는 모양을 표현한 것이다.
① 발 벗고 나서다 : 적극적으로 나서다.
③ 발(이) 길다 : 음식 먹는 자리에 우연히 가게 되어 먹을 복이 있다.
④ 바가지(를) 긁다 : 주로 아내가 남편에게 생활의 어려움에서 오는 불평과 잔소리를 심하게 하다.

20 다음 〈보기〉에 제시된 음운현상과 다른 음운현상을 보이는 것은?

〈보기〉

XABY → XCY

① 밥하다   ② 띄다

③ 맏형   ④ 따라

📢 (Point) 주어진 음운현상은 AB가 축약되어 C가 되는 음운 축약현상이다.

☆ Plus tip 축약

두 음운이 합쳐져서 하나의 음운으로 줄어 소리 나는 현상을 말한다.

㉠ 자음의 축약: ㅎ + ㄱ, ㄷ, ㅂ, ㅈ → ㅋ, ㅌ, ㅍ, ㅊ

　예 낳고[나코], 좋다[조타], 잡히다[자피다], 맞히다[마치다]

㉡ 모음의 축약: 두 모음이 만나 한 모음으로 줄어든다.

　예 보 + 아 → 봐, 가지어 → 가져, 사이 → 새, 되었다 → 됐다

≫ ANSWER

20.④

1 다음 문장을 형태소로 바르게 나눈 것은?

> 가을 하늘은 높고 푸르다.

① 가을 / 하늘은 / 높고 / 푸르다.
② 가을 / 하늘 / 은 / 높고 / 푸르다.
③ 가을 / 하늘 / 은 / 높 / 고 / 푸르다.
④ 가을 / 하늘 / 은 / 높 / 고 / 푸르 / 다.

> **Point** 용언의 어간과 어미는 각각 하나의 형태소 자격을 가지므로, '높고'와 '푸르다'는 각각 '높-고', '푸르-다'로 나누어야 한다.
> ② 단어(낱말)로 나눈 것이다.

2 다음을 고려할 때, 단어 형성 방식이 나머지 셋과 다른 것은?

> 단어는 하나 이상의 형태소가 결합한 단위인데, '산, 강'처럼 하나의 어근으로 이루어진 단어를 단일어라고 한다. 한편 '풋사과'처럼 파생 접사와 어근이 결합하여 이루어진 단어를 파생어라고 하며, '밤낮'처럼 둘 이상의 어근이 결합하여 만들어진 단어를 합성어라고 한다.

① 군말　　　　　　　　　② 돌다리
③ 덧가지　　　　　　　　④ 짓누르다

> **Point** 돌(어근) + 다리(어근) → 합성어
> ① 군(접두사) + 말(어근) → 파생어
> ③ 덧(접두사) + 가지(어근) → 파생어
> ④ 짓(접두사) + 누르다(어근) → 파생어

3 다음의 음운 규칙이 모두 나타나는 것은?

> • 음절의 끝소리 규칙 : 우리말의 음절의 끝에서는 7개의 자음만이 발음됨.
> • 비음화 : 끝소리가 파열음인 음절 뒤에 첫소리가 비음인 음절이 연결될 때, 앞 음절의 파열음이 비음으로 바뀌는 현상.

① 덮개[덥깨]   ② 문고리[문꼬리]
③ 꽃망울[꼰망울]   ④ 광한루[광할루]

📢 **Point** ③ 꽃망울이 [꼰망울]로 발음되는 현상에서는 음절의 끝소리 규칙([꼰망울]의 '꼰'이 'ㄴ'받침으로 발음됨)과 비음화(원래 꽃망울은 [꼳망울]로 발음이 되나 첫음절 '꼳'의 예사소리 'ㄷ'과 둘째 음절 '망'의 비음인 'ㅁ'이 만나 예사소리 'ㄷ'이 비음인 'ㄴ'으로 바뀌게 됨)규칙이 모두 나타난다.

4 다음 중 밑줄 친 동사의 종류가 다른 것은?
① 금메달을 땄다는 낭보를 <u>알렸다</u>.
② 어머니가 아이에게 밥을 <u>먹인다</u>.
③ 그 사연이 사람들을 <u>울린다</u>.
④ 앞 차가 뒷 차에게 따라 <u>잡혔다</u>.

📢 **Point** '잡히다'는 '잡다'의 피동사로 주어가 남의 행동을 입어서 행하게 되는 동작을 나타내는 피동 표현이다. ①②③ 주어가 남에게 어떤 동작을 하도록 시키는 사동 표현이다.

> ☆ **Plus tip**
> ※ 사동 표현의 방법
>   ㉠ 용언 어근 + 사동 접미사(-이-, -하-, -리-, -가-, -우-, -구-, -추-)→사동사
>   **예** 죽다 → 죽이다, 익다 → 익히다, 날다 → 날리다
>   ㉡ 동사 어간 + '-게 하다'
>   **예** 선생님께서 영희를 가게 했다.
> ※ 피동 표현의 방법
>   ㉠ 동사 어간 + 피동 접미사(-이-, -하-, -리-, -가-) → 피동사
>   **예** 꺾다 → 꺾이다, 잡다 → 잡히다, 풀다 → 풀리다
>   ㉡ 동사 어간 + '-어 지다'
>   **예** 그의 오해가 철수에 의해 풀어졌다.

» **ANSWER**
3.③ 4.④

5 다음 낱말을 국어사전의 올림말(표제어) 순서에 따라 차례대로 배열하면?

> ㉠ 웬일　　　　　㉡ 왜곡
> ㉢ 와전　　　　　㉣ 외가

① ㉢→㉠→㉡→㉣
② ㉢→㉡→㉠→㉣
③ ㉢→㉡→㉣→㉠
④ ㉢→㉣→㉡→㉠

📢 (Point) 국어사전에서 낱말은 첫째 글자, 둘째 글자, 셋째 글자와 같이 글자의 순서대로 실린다. 또한 이렇게 나뉜 글자는 각각 첫소리, 가운뎃소리, 끝소리와 같이 글자의 짜임대로 실린다.
단어의 첫 자음이 모두 'ㅇ'이므로 모음의 순서(ㅏ, ㅐ, ㅑ, ㅒ, ㅓ, ㅔ, ㅕ, ㅖ, ㅗ, ㅘ, ㅙ, ㅚ, ㅛ, ㅜ, ㅝ, ㅞ, ㅟ, ㅠ, ㅡ, ㅢ, ㅣ)에 따라 ㉢→㉡→㉣→㉠이 된다.

6 다음 중 국어의 로마자 표기법에 따라 바르게 표기하지 않은 것은?

① 대관령 Daegwallyeong
② 세종로 Sejong-ro
③ 샛별 saetbyeol
④ 오죽헌 Ojukeon

📢 (Point) ④ 오죽헌의 바른 표기는 Ojukheon이다.

7 다음 글의 제목으로 적절한 것은?

> 어느 대학의 심리학 교수가 그 학교에서 강의를 재미없게 하기로 정평이 나 있는, 한 인류학 교수의 수업을 대상으로 실험을 계획했다. 그 심리학 교수는 인류학 교수에게 이 사실을 철저히 비밀로 하고, 그 강의를 수강하는 학생들에게만 사전에 몇 가지 주의 사항을 전달했다. 첫째, 그 교수의 말 한 마디 한 마디에 주의를 집중하면서 열심히 들을 것. 둘째, 얼굴에는 약간 미소를 띠면서 눈을 반짝이며 고개를 끄덕이기도 하고 간혹 질문도 하면서 강의가 매우 재미있다는 반응을 겉으로 나타내며 들을 것.
> 한 학기 동안 계속된 이 실험의 결과는 흥미로웠다. 우선 재미없게 강의하던 그 인류학 교수는 줄줄 읽어 나가던 강의 노트에서 드디어 눈을 떼고 학생들과 시선을 마주치기 시작했고 가끔씩은 한두 마디 유머 섞인 농담을 던지기도 하더니, 그 학기가 끝날 즈음엔 가장 열의 있게 강의하는 교수로 면모를 일신하게 되었다. 더욱 더 놀라운 것은 학생들의 변화였다. 처음에는 실험 차원에서 열심히 듣는 척하던 학생들이 이 과정을 통해 정말로 강의에 흥미롭게 참여하게 되었고, 나중에는 소수이긴 하지만 아예 전공을 인류학으로 바꾸기로 결심한 학생들도 나오게 되었다.

① 학생 간 의사소통의 중요성
② 교수 간 의사소통의 중요성
③ 언어적 메시지의 중요성
④ 공감하는 듣기의 중요성

🔊 **(Point)** 제시된 글은 실험을 통해 학생들의 열심히 듣기와 강의에 대한 반응이 교수의 말하기에 미친 영향을 보여 주고 있다. 즉, 경청, 공감하며 듣기의 중요성에 대해 보여 주는 것이다.

» ANSWER

7.④

8 다음 밑줄 친 부분의 띄어쓰기가 바른 문장은?

① 마을 사람들은 어느 말을 정말로 믿어야 <u>옳은 지</u> 몰라서 멀거니 두 사람의 입을 쳐다보고만 있었다.

② 강아지가 집을 나간 지 <u>사흘만에</u> 돌아왔다.

③ 그냥 모르는 척 <u>살만도</u> 한데 말이야.

④ 자네, 도대체 이게 얼마 <u>만인가</u>.

📢 (Point) ① 옳은 지 → 옳은지, 막연한 추측이나 짐작을 나타내는 어미이므로 붙여서 쓴다.
② 사흘만에 → 사흘 만에, '시간의 경과'를 의미하는 의존명사이므로 띄어서 사용한다.
③ 살만도 → 살 만도, 붙여 쓰는 것을 허용하기도 하나(살 만하다) 중간에 조사가 사용된 경우 반드시 띄어 써야 한다(살 만도 하다).

9 외래어 표기가 모두 옳은 것은?

① 뷔페 – 초콜렛 – 컬러

② 컨셉 – 서비스 – 윈도

③ 파이팅 – 악세사리 – 리더십

④ 플래카드 – 로봇 – 캐럴

📢 (Point) ① 초콜렛 → 초콜릿
② 컨셉 → 콘셉트
③ 악세사리 → 액세서리

10 어문 규정에 어긋난 것으로만 묶인 것은?

① 기여하고저, 뻐드렁니, 돌('첫 생일')

② 퍼붇다, 쳐부수다, 수퇘지

③ 안성마춤, 삵쾡이, 더우기

④ 고샅, 일찍이, 굼주리다

📢 (Point) ① 기여하고저 → 기여하고자
② 퍼붇다 → 퍼붓다
③ 안성마춤 → 안성맞춤, 삵쾡이 → 살쾡이, 더우기 → 더욱이
④ 굼주리다 → 굶주리다

11 〈보기〉의 밑줄 친 ㉠에 해당하는 글자가 아닌 것은?

〈보기〉

한글 중 초성자는 기본자, 가획자, 이체자로 구분된다. 기본자는 조음 기관의 모양을 상형한 글자이다. ㉠<u>가획자</u>는 기본자에 획을 더한 것으로, 획을 더할 때마다 그 글자가 나타내는 소리의 세기는 세어진다는 특징이 있다. 이체자는 획을 더한 것은 가획자와 같지만 가획을 해도 소리의 세기가 세어지지 않는다는 차이가 있다.

① ㄹ   ② ㅋ
③ ㅍ   ④ ㅎ

📢 Point 초성자는 자음을 가리킨다. 한글 창제 원리를 담고 있는 해례본을 보면 자음은 발음기관을 상형하여 기본자(ㄱ, ㄴ, ㅁ, ㅅ, ㅇ)를 만든 후 획을 더해 나머지를 글자를 만들었다. 그리고 이체자는 획을 더하는 것은 가획자와 같지만 가획을 해도 소리의 세기가 세어지지 않는다고 정리하고 있다. ㅋ은 ㄱ의 가획자, ㅍ은 ㅁ의 가획자, ㅎ은 ㅇ으로부터 가획된 글자이다.
① ㄹ은 이체자이다.

12 다음 시에 대한 설명으로 옳지 않은 것은?

우는 거시 벅구기가 프른 거시 버들숩가
이어라 이어라
어촌(漁村) 두어 집이 닛속의 나락들락
지국총(支局悤) 지국총(支局悤) 어사와(於思臥)
말가흔 기픈 소희 온갇 고기 뛰노ᄂᆞ다.

① 원작은 각 계절별로 10수씩 모두 40수로 되어 있다.
② 어촌의 경치와 어부의 생활을 형상화하고 있다.
③ 각 장 사이의 후렴구를 제외하면 시조의 형식이 된다.
④ 자연에 몰입하는 가운데에서도 유교적 이념을 구체화하고 있다.

📢 Point ④ 자연에 묻혀 한가롭게 살아가는 여유와 흥을 노래하고 있다.

>> ANSWER
11.① 12.④

13 밑줄 친 단어가 다의어 관계인 것은?

① 이 방은 볕이 잘 <u>들어</u> 늘 따뜻하다.

　형사는 목격자의 증언을 증거로 <u>들었다</u>.

② 난초의 향내가 거실에 가득 <u>차</u> 있었다.

　그는 손목에 <u>찬</u> 시계를 자꾸 들여다보았다.

③ 운동을 하지 못해서 군살이 <u>올랐다</u>.

　아이가 갑자기 열이 <u>올라</u> 해열제를 먹었다.

④ 그는 조그마한 수첩에 일기를 <u>써</u> 왔다.

　대부분의 사람이 문서 작성에 컴퓨터를 <u>쓴다</u>.

🔊 Point ①②④ 동음이의어(同音異義語)

14 ㉠~㉢의 밑줄 친 부분이 높이고 있는 인물은?

> ㉠ 할아버지께서는 아버지의 사업을 <u>도우신다</u>.
>
> ㉡ 형님이 선생님을 <u>모시고</u> 집으로 왔다.
>
> ㉢ 할머니, 아버지가 고모에게 전화하는 것을 <u>들었어요</u>.

	㉠	㉡	㉢
①	아버지	선생님	할머니
②	아버지	형님	아버지
③	할아버지	형님	아버지
④	할아버지	선생님	할머니

🔊 Point 높임표현

㉠ 주체높임선어말어미 '-시-'는 문장의 주체인 '할아버지'를 높이기 위한 것이다.

㉡ 문장의 객체높임 동사인 '모시다'는 객체인 '선생님'을 높이기 위해 쓰인 것이다.

㉢ 문장의 명사절 '아버지가 고모에게 전화하는 것'에 '-시-'가 없는 것으로 보아, 화자가 압존법을 쓰고 있다는 것을 알 수 있다. 즉 화자는 명사절의 주체인 '아버지'는 높이지 않고 있다. 또한 서술어 행위를 하는 주체와 화자가 동일하기 때문에 서술어 '듣다'에 '-시-'를 붙여 높이지 않았다. 끝으로 화자가 서술어에서 상대높임 보조사 '요'를 쓴 이유는 청자인 할머니를 높이기 위해서이다. 따라서 ㉢ 문장의 밑줄 친 부분이 높이고 있는 인물은 할머니가 된다.

≫ ANSWER

13.③ 14.④

15 다음은 하나의 문장을 구성하는 문장들을 순서 없이 나열한 것이다. ㉠~㉣ 중 주제문으로 가장 적당한 것은?

㉠ 범죄를 저지른 사람 중에는 나쁜 가정환경에서 자란 경우가 많다.

㉡ 인간됨이 이지러져 있을 때 가치 판단이 흐려지기 쉽다.

㉢ 범죄를 저지른 사람들은 대체로 자포자기의 상황에 처한 경우가 많다.

㉣ 인간의 범죄 행위의 원인은 개인의 인간성과 가정환경으로 설명될 수 있다.

① ㉠

② ㉡

③ ㉢

④ ㉣

📣 (Point) 주제문은 문단 전체의 내용을 포괄할 수 있는 내용이어야 한다.

16 다음 글의 내용 전개 방식으로 적절한 것은?

유네스코 유산은 세계유산, 무형문화유산, 세계기록유산으로 나눌 수 있다. 세계문화유산은 또한 문화유산, 자연유산, 복합유산으로 나눌 수 있는데 문화유산은 기념물, 건조물군, 유적지 등이 해당하며, 자연유산은 자연지역이나 자연유적지가 해당된다. 복합유산은 문화유산과 자연유산의 특징을 동시에 충족하는 유산이다. 무형문화유산은 공동체와 집단이 자신들의 환경, 자연, 역사의 상호작용에 따라 끊임없이 재창해온 각종 지식과 기술, 공연예술, 문화적 표현을 아우른다. 기록유산은 기록을 담고 있는 정보 또는 그 기록을 전하는 매개물이다. 단독 기록일수 있으며 기록의 모음일수도 있다.

① 서사

② 과정

③ 인과

④ 분류

📣 (Point) 유네스코 유산을 세계유산, 무형문화유산, 세계기록유산으로 분류하고, 다시 세계유산을 문화유산, 자연유산, 복합유산으로 분류하여 설명하고 있다.

》 ANSWER

15.④ 16.④

17 다음 글에 나타난 북곽 선생의 행위를 표현한 말로 적절한 것은?

> 북곽 선생이 머리를 조아리고 엉금엉금 기어 나와서 세 번 절하고 꿇어앉아 우러러 말했다.
> "범님의 덕은 지극하시지요. 대인은 그 변화를 본받고 제왕은 그 걸음을 배우며, 자식 된
> 자는 그 효성을 본받고 장수는 그 위엄을 취합니다. 범님의 이름은 신룡(神龍)의 짝이 되
> 는지라, 한 분은 바람을 일으키시고 한 분은 구름을 일으키시니, 저 같은 하토(下土)의 천
> 한 신하는 감히 아랫자리에 서옵니다."

① 자화자찬(自畵自讚)
② 감언이설(甘言利說)
③ 대경실색(大驚失色)
④ 박장대소(拍掌大笑)

🔊(Point) '북곽 선생이 머리를 조아리고 엉금엉금 기어 나와서 세 번 절하고 꿇어앉아 우러러 말했다.'는 부분
에서 북곽 선생이 범의 비위를 맞추기 위한 말을 늘어놓고 있음을 알 수 있다. '감언이설'은 '남의 비
위에 맞도록 꾸민 달콤한 말과 이로운 조건을 내세워 꾀는 말'로 북곽 서선생의 태도와 어울리는 한
자성어이다.

18 다음 중 피동 표현이 쓰이지 않은 것은?

① 창호지 문이 찢어졌다.
② 개그맨이 관객을 웃기고 있다.
③ 운동장의 잔디가 밟혀서 엉망이 되었다.
④ 많은 사람들에게 읽힌다고 좋은 소설은 아니다.

🔊(Point) 피동 표현이란 주어가 남의 행동의 영향을 받아서 행하게 되는 움직임을 나타내는 것이다.
　　① 찢어졌다 : 동사 어간 + '-어 지다'
　　② 웃기다 : '웃다'에 사동 접미사 '-기-'를 더해 이루어진 사동 표현이다.
　　③ 밟힌다 : 동사 어간 + 피동 접미사 '-히-'
　　④ 읽힌다 : 동사 어간 + 피동 접미사 '-히-'

≫ ANSWER
17.② 18.②

19 다음 중 겹문장의 성격이 다른 하나는?

① 영미가 그림에 소질이 있음이 밝혀졌다.

② 그가 노벨 문학상을 받게 되었다는 소문이 있다.

③ 낮말은 새가 듣고 밤말은 쥐가 듣는다.

④ 산 그림자가 소리도 없이 다가온다.

(Point) ③은 이어진 문장이고 ①②④는 안은문장이다.
   ① 명사절로 안긴문장
   ② 관형절로 안긴문장
   ③ 대등하게 이어진문장
   ④ 부사절로 안긴문장

> **Plus tip 겹문장**
>
> 주어와 서술어의 관계가 두 번 이상 맺어지는 문장으로, 안은문장과 이어진문장이 있다.
>
> ㉠ 안은문장 … 독립된 문장이 다른 문장의 성분으로 안기어 이루어진 겹문장을 말한다.
> • 명사절로 안김 : 한 문장이 다른 문장으로 들어가 명사 구실을 한다.
>   예 영미가 그림에 소질이 있음이 밝혀졌다.
> • 서술절로 안김 : 한 문장이 다른 문장으로 들어가 서술어 기능을 한다.
>   예 곤충은 다리가 여섯 개다.
> • 관형절로 안김 : 한 문장이 다른 문장으로 들어가 관형어 구실을 한다.
>   예 그가 노벨 문학상을 받게 되었다는 소문이 있다.
> • 부사절로 안김 : 파생 부사 '없이, 달리, 같이' 등이 서술어 기능을 하여 부사절을 이룬다.
>   예 산 그림자가 소리도 없이 다가온다.
> • 인용절로 안김 : 인용문이 다른 문장으로 들어가 안긴다.
>   예 나폴레옹은 자기의 사전에 불가능은 없다고 말했다.
> ㉡ 이어진 문장 … 둘 이상의 독립된 문장이 연결 어미에 의해 이어져 이루어진 겹문장을 말한다.
> • 대등하게 이어진 문장 : 대등적 연결 어미인 '-고, -(으)며, (으)나, -지만, -든지, -거나'에 의해 이어진다.
>   예 낮말은 새가 듣고 밤말은 쥐가 듣는다.
> • 종속적으로 이어진 문장 : 종속적 연결 어미인 '-어(서), -(으)니까, -(으)면, -거든, (으)ㄹ수록'에 의해 이어진다.
>   예 너희는 무엇을 배우려고 학교에 다니니?

>> ANSWER

19.③

20 다음 중 높임 표현이 바르게 쓰인 것은?

① 할아버지, 아버지가 지금 막 집에 왔습니다.

② 그 분은 다섯 살 된 따님이 계시다.

③ 영수야, 선생님이 빨리 오시래.

④ 할머니께서는 이빨이 참 좋으십니다.

🔊 **(Point)** 청자인 할아버지가 아버지보다 높으므로 바른 표현이다.

② 계시다 → 있으시다.

③ 오시래 → 오라고 하셔.

④ 이빨 → 치아

> ☆ **Plus tip 높임 표현**
>
> ㉠ 주체 높임법 … 용언 어간 + 선어말 어미 '-시-'의 형태로 이루어져 서술어가 나타내는 행위의 주체를 높여 표현하는 문법 기능을 말한다.
>   **예** 선생님께서 그 책을 읽으셨(시었)다.
>
> ㉡ 객체 높임법 … 말하는 이가 서술의 객체를 높여 표현하는 문법 기능을 말한다(드리다, 여쭙다, 뵙다, 모시다 등).
>   **예** 나는 그 책을 선생님께 드렸다.
>
> ㉢ 상대 높임법 … 말하는 이가 말을 듣는 상대를 높여 표현하는 문법 기능을 말한다.
>
> • 격식체
>
> | 등급 | 높임 정도 | 종결 어미 | 예 |
> |---|---|---|---|
> | 하십시오체 | 아주 높임 | -ㅂ시오 | 여기에 앉으십시오. |
> | 하오체 | 예사 높임 | -시오 | 여기에 앉으시오. |
> | 하게체 | 예사 낮춤 | -게 | 여기에 앉게. |
> | 해라체 | 아주 낮춤 | -아라 | 여기에 앉아라. |
>
> • 비격식체
>
> | 등급 | 높임 정도 | 종결 어미 | 예 |
> |---|---|---|---|
> | 해요체 | 두루 높임 | -아요 | 여기에 앉아요. |
> | 해체 | 두루 낮춤 | -아 | 여기에 앉아. |

» ANSWER

20.①

PART Ⅱ
컴퓨터일반

1   아래 회로도에 해당하는 논리회로는?

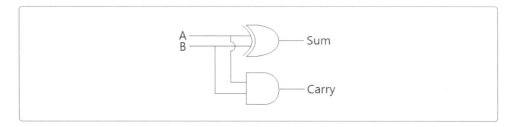

① 플립플롭
② 반가산기
③ 전가산기
④ 전감산기

 Point 반가산기(HA)
　　　　㉠ 컴퓨터 내부에서 기본적인 계산(사칙연산)을 수행하는 회로이다.
　　　　㉡ 입력되는 변수를 A와 B, 계산결과의 합(Sum)을 S, 자리올림(carry)을 C라 한다.

>> ANSWER
1.②

2 다른 컴퓨터 시스템들과의 통신이 개방된 시스템 간의 연결을 다루는 OSI 모델에서 〈보기〉가 설명하는 계층은?

> 〈보기〉
>
> 물리적 전송 오류를 감지하는 기능을 제공하여 송·수신호스트가 오류를 인지할 수 있게 해주며, 컴퓨터 네트워크에서의 오류 제어(error control)는 송신자가 송신한 데이터를 재전송(retransmission)하는 방법으로 처리한다.

① 데이터 링크 계층

② 물리 계층

③ 전송 계층

④ 표현 계층

(Point) 데이터 링크 계층 … 두 논리적 장치 사이의 데이터 수신과 송신을 담당하고 통신회선의 전송에 대응하는 데이터링크 프로토콜을 실행하는 OSI의 7개 계층 가운데 하위에서 두 번째 계층에 해당되는 것으로 물리층의 상위층이다. 물리적 계층에서 발생하는 오류를 발견하고 수정하는 기능을 맡고 링크의 확립, 유지, 단절의 수단을 제공한다.

3 다음 중 하드웨어와 소프트웨어의 중간 형태의 프로그램으로 롬(ROM)에 기록되어 하드웨어를 제어하며 필요시 하드웨어의 성능 향상을 위해 업그레이드 할 수 있는 마이크로 프로그램의 집합을 무엇이라고 하는가?

① 펌웨어(Firmware)

② 셰어웨어(Shareware)

③ 미들웨어(Middleware)

④ 프리웨어(Freeware)

(Point) ② 셰어웨어(Shareware)는 일정기간이나 일정한 기능을 무료로 사용할 수 있는 소프트웨어로 등록을 하면 기간이나 기능에 제한 없이 사용이 가능하다.
③ 라이트웨어(Liteware)는 몇 가지 핵심 기능을 제거한 채 무료로 배포되는 소프트웨어이다.
④ 프리웨어(Freeware)는 개발자가 소스를 공개한 소프트웨어로 제한 없이 사용해도 된다.

» ANSWER

2.① 3.①

4 미국 표준화 코드로 7비트의 조합으로 사용되며 128자까지 표현할 수 있으며 컴퓨터 상호간의 데이터 전송을 쉽게 하기 위한 코드는?

① 8421코드

② ASCII코드

③ 해밍코드

④ EBCDIC코드

> **(Point)** ① 8421코드는 10진수를 4비트 2진수로 표현한다.
> ③ 해밍코드는 오류 검출과 교정이 가능하다.
> ④ EBCDIC코드는 BCD코드를 확장한 코드로 8개의 비트를 사용하여 하나의 문자를 표현할 수 있도록 만들어진 코드이며 표현 할 수 있는 문자의 종류는 256자이다.

5 네트워크 장비에 대한 설명으로 옳은 것은?

① 리피터는 약한 신호를 원래대로 재생하는 장비로서 데이터링크 계층에서 동작한다.

② 라우터는 두 개의 완전히 다른 프로토콜 구조를 가지는 7계층 사이를 결합하는데 사용한다.

③ 브리지는 서로 비슷한 MAC프로토콜을 사용하는 LAN 사이를 연결하며 데이터 링크 계층에서 동작한다.

④ 게이트웨이는 프로토콜의 전환이 없거나 프로토콜이 다른 세 개 이상의 네트워크를 연결하여 데이터 전달통로를 제공해주는 Host LAN을 WAN에 접속시킬때 유용한 장비이며 네트워크계층에서 동작한다.

> **(Point)** ① 리피터는 약한 신호를 원래대로 재생하는 장비로서 물리 계층에서 동작한다.
> ② 수동허브는 단말기들을 네트워크에 연결하는 다중포트 스위치이며 전송계층에서 동작한다.
> ④ 라우터는 프로토콜의 전환이 없거나 프로토콜이 다른 세 개 이상의 네트워크를 연결하여 데이터 전달통로를 제공해주는 Host LAN을 WAN에 접속시킬때 유용한 장비이며 네트워크계층에서 동작한다.

» ANSWER

4.② 5.③

6 네트워크 토폴로지(topology)의 연결 형태에 대한 설명으로 옳지 않은 것은?

① 버스형(Bus topology)은 1개의 통신회선에 여러 개의 단말기를 접속한다.

② 스타형(Star topology)은 중앙 노드에 의해 모든 통신제어가 이루어지는 중앙집중형이다.

③ 링형(Ring topology)은 이웃하는 노드끼리만 연결한다.

④ 메쉬형(Mesh topology)은 노드가 트리구조로 연결되어 있다.

🔊 (Point) ④ 트리형(Tree topology)은 노드가 트리구조로 연결되어 있다.

7 LRU 교체 알고리즘의 단점으로 옳은 것은?

① 시간 오버헤드가 발생하여 실제 구현하기가 복잡하다.

② 중요 페이지가 오랫동안 페이지 프레임을 차지했다는 이유로 교체될 수 있다.

③ 현재 실행 중인 페이지도 교체할 수 있다.

④ 바로 전에 불러온 페이지가 교체될 수 있다.

🔊 (Point) ② 선입선출 교체 알고리즘의 단점으로 중요 페이지가 오랫동안 페이지 프레임을 차지했다는 이유로 교체될 수 있다.

③ NUR교체 알고리즘의 단점은 현재 실행 중인 페이지도 교체할 수 있다.

④ LFU교체 알고리즘의 단점은 바로 전에 불러온 페이지가 교체될 수 있다.

》 ANSWER

6.④ 7.①

8 다음 C프로그램을 실행한 결과로 옳은 것은?

```c
int main(void)
{
int i;
char ch;
char str[7] = "nation";
for(i = 0; i<4; i++)
{

ch = str[5-i];
str[5-i] = str[i];
str[i] = ch;
}
printf("%s  \n", str);
return 0 ;
}
```

① nanoit
② nation
③ noitan
④ notian

Point

int i;	// 정수형 변수 i 선언
char ch;	// 문자형 변수 c 선언
char str[7] = "nation";	// 문자열 배열 str 선언,

n	a	t	i	o	n	\0
str[0]	str[1]	str[2]	str[3]	str[4]	str[5]	str[6]

for(i = 0; i < 4; i++)	// i=0부터 4보다 작을 때까지 반복 구조
{	// i=0일 때
ch = str[5-i];	// 문자형 변수에 str[5]인 'n' 대입
str[5-i] = str[i];	// str[5]에 str[0] 대입하여
str[i] = ch;	// str[0]에 ch에 저장해둔 str[5] 대입하여
	// for 반복에 의해
	i=1 일 때 str[1]과 str[4] 교체
	i=2 일 때 str[2]과 str[3] 교체
	i=3 일 때 str[3]과 str[2] 교체
}	
printf("%s .n", str);	// 배열 str을 문자열로 출력하여 'notian' 출력됨.

>> ANSWER

8.④

9 다음 글이 설명하는 것은?

> • 가장 안쪽 트랙이나 가장 바깥쪽 트랙에 도착하면 무조건 반대방향으로 다시 서비스를 시작하기 때문에 비효율적이다.
> • 응답시간의 편차가 매우 적다.
> • 진행 도중 도착한 요청은 다음 수행 시 서비스 한다.

① C-SCAN 스케줄링
② 에센바흐 기법
③ SSTF 스케줄링
④ SCAN 스케줄링

📣 (Point) ② 에센바흐기법은 탐색시간과 회전지연시간을 최적화하려 했던 최초의 기법들 중의 하나이다.
③ SSTF 스케줄링은 현재 위치에서 가장 가까운 탐색거리에 있는 요청을 서비스한다.
④ SCAN 스케줄링은 엘리베이터 알고리즘이라고도 하며 Denning이 개발하였다.

10 다음에서 설명하는 언어는?

> C에 Simula식의 클래스를 추가하고자 하여 개발된 언어로, 사용자의 필요에 의해 개발된 효율적이고 실용적인 언어이다.

① C++
② Smalltalk
③ Eiffel
④ C

📣 (Point) ② Simula와 LISP의 영향을 받은 Smalltalk는 객체지향 언어 중 가장 객체지향 전형에 충실하고, 수와 문자 등의 상수를 포함한 거의 모든 언어 실체가 객체이므로 순수객체지향 언어라고 말할 수 있다.
③ Eiffel은 파스칼형 신택스이지만 앞선 언어에 기초하여 만들어진 것은 아니며 파스칼형 객체지향 언어 중 가장 일관성 있게 설계된 언어이다.
④ C언어는 시스템 프로그램 작성용으로 개발되었다.

11 다중 처리기 설계 시 발생되는 문제점이 아닌 것은?

① 그레인 크기

② 단일 운영체제

③ 상호 연결망

④ 병렬 프로그래밍 언어

> (Point) 다중 처리기 설계 시의 문제점 … 그레인 크기, 공유 메모리 액세스 및 프로세서 상호간의 통신을 위해 필요한 동기화 문제, 메모리 호출 지연 및 해결방안, 상호 연결망, 프로세서에 태스크를 배정하는 스케줄링 방안, 병렬 프로그래밍 언어론 언어 등이 있다.

12 소프트웨어 프로토타이핑(prototyping)에 대한 설명으로 옳지 않은 것은?

① 개발자가 구축할 소프트웨어의 모델을 사전에 만드는 공정으로서 요구사항을 효과적으로 유도, 수집한다.

② 프로토타이핑에 의해 만들어진 프로토타입은 폐기될 수 있고, 재사용될 수도 있다.

③ 프로토타입은 기능적으로 제품의 하위 기능을 담당하는 작동 가능한 모형이다.

④ 적용사례가 많고, 가장 오래됐으며 널리 사용되는 방법으로 결과물이 명확하므로 가시성이 매우 좋다.

> (Point) ④ 적용사례가 많고, 가장 오래됐으며 널리 사용되는 방법은 폭포수 모형에 해당된다.

> ☆ Plus tip 소프트웨어 프로토타이핑(prototyping)
> 소프트웨어 개발 기법의 하나로 개발의 초기 단계에서 시작 모델 또는 잠정판을 작성하여 시험과 개선을 반복해서 최종판을 작성하는 방법이다. 잠정판을 사용자에게 제공하여 시험 사용하게 하고 시험 사용을 통해 요구를 분석하거나 요구의 정당성을 검증, 잠정판의 성능을 평가하여 그 결과를 개선 작업에 반영함으로써 실용판의 규격을 완성해 가는 방법이다.

» ANSWER

11.② 12.④

13 OSI 7계층에서 하위계층으로만 이루어진 것은?

① 물리계층, 트랜스포트계층, 표현계층

② 세션계층, 표현계층, 응용계층

③ 물리계층, 데이터링크계층, 네트워크계층

④ 데이터링크계층, 트랜스포트계층, 세션계층

(Point) 하위계층 … 물리계층, 데이터링크계층, 네트워크계층

14 인터넷상의 여러 사이트를 돌아다니다가 기억해 놓고 싶은 사이트를 보관하여 나중에 리스트에서 선택만 하면 바로 접속할 수 있게 하는 기능은?

① 북마크

② 브리지

③ 하이퍼링크

④ 미러 사이트

(Point) ② 다른 종류의 케이블을 연결, 패킷의 목적지 주소를 읽어 데이터가 LAN의 외부로 가야할지 내부로 가야할지를 결정하고, 혼잡한 네트워크 수송량을 분리
③ 하이퍼텍스트 문서 중 반전되어 있는 단어로 URL에 의해서 다른 문서로 지정해 놓은 것
④ 거울이 되는 사이트로, 좋은 프로그램과 자료가 있는 사이트의 공개자료를 다른 호스트에 복사해 두는 것

15 다음 중 통신망과 연결된 컴퓨터 또는 TV를 이용하여 원하는 영화를 볼 수 있는 서비스로 기존 TV와 달리 양방향 대화형 서비스를 제공하는 멀티미디어의 한 분야는?

① 주문형 비디오

② 화상통신회의

③ 원격진료시스템

④ 전자서적

> **Point** ② 서로 멀리 떨어져 있는 장소와 장소 사이를 통신회선으로 연결하여 화상으로 상대방을 보면서 회의를 할 수 있는 서비스
> ③ 통신망을 이용하여 환자의 상태를 진단하여 결과를 반송하는 것으로 외딴 섬, 산간 벽지 등 의사가 없는 지역 주민을 진료할 때 좋은 서비스
> ④ 종이에 인쇄된 책을 모니터 화면으로 표현한 것으로 통신회선으로 연결되어 공급되는 서비스

16 메모리 시스템에 관한 설명 중 옳은 것만 모두 묶은 것은?

> ㉠ 캐시의 write-through 방법을 사용하면 메모리 쓰기의 경우에 접근시간이 개선된다.
> ㉡ 메모리 인터리빙은 단위시간에 여러 메모리에 동시 접근이 가능하도록 하여 메모리의 대역폭을 높이기 위한 구조이다.
> ㉢ 가상메모리는 메모리의 주소공간을 확장할 뿐만 아니라 메모리의 접근시간도 절약하는 데 효과적이다.
> ㉣ 메모리 시스템은 CPU↔캐시↔주메모리↔보조메모리 순서로 계층구조를 이룰 수 있다.

① ㉡㉣

② ㉠㉣

③ ㉠㉢

④ ㉡㉢

> **Point** ㉠ write-through는 캐시메모리에 write 동작을 할 때 동시에 주기억장치를 갱신하는 것으로 주기억장치에 접근하는 횟수가 많아져 효율이 떨어진다.
> ㉢ 가상메모리는 매번 물리메모리나 디스크에 접근하지 않아도 돼 시간을 절약할 수 있지만, 메모리의 주소공간을 확장하는 것은 아니다.

》 ANSWER

15.① 16.①

17 다음 중 불법 침입자로부터 프로그램이나 자료 및 데이터를 보호하기 위해 하드웨어나 운영체제의 내장된 보안기능을 통해 시스템을 보호하는 것은?

① 시설보안

② 운용보안

③ 사용자 인터페이스 보안

④ 내부보안

📢 **Point** ① 서명이나 지문 또는 출입카드 등과 같은 물리적 확인 시스템의 감지기능을 통해 외부 침입자나 화재, 홍수 등과 같은 천재지변으로부터의 보안이다.

② 시스템 운영자, 관리자, 경영자들의 정책과 시스템 통제절차를 통해 이루어지는 보안이다.

③ 사용자의 신원을 운영체제가 확인하는 절차를 통해 인증된 사용자만 시스템에 들어올 수 있게 한다.

18 프로그래밍의 일반적인 절차를 옳게 나열한 것은?

① 순서도작성 – 입·출력설계 – 코딩 – 프로그램입력 – 번역 – 실행

② 입·출력설계 – 순서도작성 – 코딩 – 프로그램입력 – 번역 – 실행

③ 입·출력설계 – 순서도작성 – 프로그램입력 – 코딩 – 번역 – 실행

④ 입·출력설계 – 순서도작성 – 프로그램입력 – 번역 – 실행

📢 **Point** 프로그래밍의 절차 … 입·출력 설계 – 순서도작성 – 코딩 – 프로그램 입력 – 번역 – 실행

19 다음의 C프로그램을 실행한 결과로 옳은 것은? (단, 아래의 scanf() 함수의 입력으로 90을 타이핑했다고 가정)

```
int main( )
{
int i = 10 ;
int j = 20 ;
int * k = &i ;
scanf("%d", k);
printf("%d, %d, %d\n", i, j, * k);
return 0 ;
}
```

① 10, 20, 10

② 10, 20, 90

③ 90, 20, 10

④ 90, 20, 90

Point
int i=10 ;	// 정수형 변수 i 10으로 초기화
int j=20 ;	// 정수형 변수 j 10으로 초기화
int * k=&i ;	// 정수형을 가리키는 포인터 k가 변수 i를 가리킴
scanf(%d , k);	// scanf() 함수는 주어진 양식으로 자료를 입력받아 지정된 기억공간에 저장하므로 입력한 90은 k가 가리키는 변수 i에 저장된다.
printf(%d, %d, %d\n , i, j, * k);	// 변수 i, j의 값과 포인터 k가 가리키는 값을 출력하므로 90, 20, 90 출력한다.

» ANSWER

19.④

20 홈페이지로 사용하는 화면을 원하는 크기로 영역을 분할하여 화면을 좀 더 효율적으로 사용하는 것은?

① 프레임

② 테이블

③ HR

④ A HREF

 (Point) ② 표 작성
③ 선 그리기
④ 하이퍼 링크

1 관계형 데이터베이스 설계에서의 정규화에 대한 설명으로 옳지 않은 것은?

① 질의처리 성능 향상을 위해 비효율적인 릴레이션들을 병합하는 과정이다.

② 데이터 중복을 감소시켜 저장 공간의 효율성을 향상시킨다.

③ 삽입, 삭제, 수정 시 발생할 수 있는 이상(anomaly) 현상을 제거한다.

④ 정규형에는 1NF, 2NF, 3NF, BCNF, 4NF, 5NF 등이 있다.

> (Point) 정규화 … 한 릴레이션에 여러 가지 정보를 나타내려는 데서 오는 데이터 중복의 문제와 이러한 데이터 중복에 의한 여러 이상(anomaly) 현상들을 제거하기 위해서 릴레이션을 보다 바람직한 특성의 여러 릴레이션들로 분해하는 과정이다. 질의 처리 성능 향상을 위해 비효율적인 릴레이션을 병합하는 정규화의 반대 과정을 역정규화(denormalization)라고 한다. 역정규화를 하면 릴레이션들 간의 조인이 필요 없어져 어떤 질의의 수행 성능을 향상시킬 수 있다.

2 경영정보를 수집, 분석하여 기업 경영자가 신속하고 합리적인 경영방침을 수립 할 수 있도록 도와주는 시스템은?

① 공장자동화(FA)

② 가정자동화(HA)

③ 사무자동화(OA)

④ 경영정보시스템(MIS)

> (Point) ① 공장자동화(FA)는 생산자동화와 유통체계의 합리화가 가능하며, 제조원가 절감, 비용절감, 원재료의 효율적 관리 등의 이점이 있다.
> ② 가정자동화(HA)는 생활, 문화정보의 수집, 승차권 예약, 항공기 예약, 재택근무가 가능하다.
> ③ 사무자동화(OA)는 각종 정보기기를 도입하여 단순 반복적인 업무를 신속 정확하게 처리하여 창의적 업무에 시간 투자를 할 수 있게 한다.

» ANSWER

1.① 2.④

3 인터럽트 처리를 위한 작업이 올바로 나열된 것은?

> ㉠ 인터럽트 처리 루틴을 실행한다.
>
> ㉡ 보관한 프로그램 상태를 복구한다.
>
> ㉢ 현재 작업 중이던 프로세서의 상태를 메모리에 저장시킨다.
>
> ㉣ 인터럽트 발생 원인을 찾는다.

① ㉢㉣㉠㉡
② ㉢㉣㉡㉠
③ ㉣㉢㉠㉡
④ ㉣㉢㉡㉠

📢 **Point** 인터럽트 정의…정상적인 명령어 인출단계로 진행하지 못할 때에 실행을 중단하지 않고 특별히 부여된 작업을 수행한 후 원래의 인출단계로 진행하도록 하는 것이다.
※ 인터럽트의 동작원리(순서)
　㉠ 인터럽트 요청 : 인터럽트 발생장치로부터 인터럽트를 요청한다.
　　현재 수행 중인 프로그램 저장 : 제어 프로그램에서는 현재 작업 중이던 프로세서의 상태를 메모리에 저장시킨다.
　㉡ 인터럽트 처리 : 인터럽트의 원인이 무엇인지를 찾아 그것을 처리하는 인터럽트 처리 루틴을 실행시킨다.
　㉢ 조치 : 인터럽트 루틴에서는 해당 인터럽트에 대한 조치를 취한다.
　㉣ 프로그램 복귀 : 인터럽트 처리 루틴이 종료되면 저장되었던 상태를 이용하여 원래 작업이 계속되도록 한다.

4 속성 A, B, C로 정의된 릴레이션의 인스턴스가 아래와 같을 때, 후보키의 조건을 충족하는 것은?

A	B	C
1	12	7
20	12	7
1	12	3
1	1	4
1	2	6

① (A)

② (A, C)

③ (B, C)

④ (A, B, C)

🔊 (Point) 유일성과 최소성을 가지고 모든 투플을 식별가능하므로 후보키의 조건을 만족한다. 그러나 주어진 인스턴스들의 내용으로부터 반드시 후보키라고 단정할 수는 없음에 유의한다.

> ☆ **Plus tip 후보키(candidate key)**
> 한 릴레이션의 후보키가 되기 위해서는 최소한의 속성들로 유일하게 특정 투플을 식별할 수 있어야 하며 관계형 데이터베이스의 관계형 모델에서 슈퍼키 중 더 이상 줄일 수 없는 (irreducible) 형태를 가진 것을 말한다.
> 더 이상 줄일 수 없다는 것은 슈퍼키를 구성하는 속성(열) 중 어느 하나라도 제외될 경우 유일성을 확보할 수 없게 되는 것을 말한다. 최소(minimal)라고도 한다. 즉, 행의 식별을 위해 필요한 특성 또는 그 집합이 후보키이다. 후보키는 행의 '식별자'라고 생각할 수도 있다. 후보키라는 이름은 그것이 기본키로 선정될 수 있는 후보이기 때문에 유래했다.
> 하나의 관계(테이블)에서 관계를 정의할 때, 적어도 하나의 후보키가 존재한다. 물론 하나의 관계에 후보키가 두 개 이상 존재할 수도 있다.

» ANSWER

4.②

5 뉴스, 채용정보, 블로그 같은 웹사이트들에서 자주 갱신되는 콘텐츠 정보를 웹사이트들 간에 교환하기 위해 만들어진 XML 기반 형식으로 옳은 것은?

① CSS

② CGI

③ RSS

④ Perl

🔊 Point ① CSS는 운영체제나 사용하는 프로그램에 관계없이 웹페이지의 레이아웃을 효과적으로 처리 할 수 있는 언어이다.

② CGI는 외부의 응용 프로그램과 웹 서버를 연결시켜 주는 표준으로, 사용자의 요구를 받는 대화적인 처리나 데이터베이스 등의 처리를 의뢰 할 때 이용된다.

④ Perl은 1980년대 초반에 Lary Wall이 개발한 인터프로티 언어이다.

6 다음은 가상 메모리의 페이지 교체 정책 중 최적(optimal) 알고리즘을 적용하여 페이지를 할당한 예이다. 참조열 순으로 페이지가 참조될 때, 페이지 부재(page fault)가 6회 발생하였다. 동일한 조건 하에서 LRU(Least Recently Used) 알고리즘을 적용할 경우 페이지 부재가 몇 회 발생하는가?

① 6

② 7

③ 8

④ 9

🔊 Point ⊙ 최적 알고리즘 : 앞으로 가장 오랫동안 참조되지 않을 페이지를 교체

ⓒ LRU(Least Recently Used) 알고리즘 : 이전에 가장 오랫동안 참조되지 않은 페이지를 교체한다.

∴ 페이지 부재수는 총 9회이다.

ⓒ LRU 알고리즘 적용

참조열	1	2	0	3	0	5	2	3	7	5	3
페이지프레임	1	1	1	3	3	3	2	2	2	5	5
		2	2	2	2	5	5	5	7	7	7
			0	0	0	0	0	3	3	3	3
페이지 부재	F	F	F	F	−	F	F	F	F	F	−

7 다음 중 처리 속도의 단위로 옳지 않은 것은?

① ms(milli second) : 10^{-3}

② ns(nano second) : 10^{-6}

③ ps(pico second) : 10^{-12}

④ fs(femto second) : 10^{-15}

Point ② ns(nano second) : 10^{-9}

8 다음 괄호 안에 공통적으로 들어가는 단어로 옳은 것은?

> 두 개의 (   )가 하나의 기능을 수행하기 위하여 상호 협조 할 때, 한 (   )의 결과
> 가 다른 (   )에 전달되고, 전달된 내용에 의해 다른 (   )가 수행된다. 즉, 상호
> 주고받는 관계에 의해 수행순서가 결정되는데 이를 동기화라 한다.

① 프로세스
② 상호배제
③ 세마포어
④ 교착상태

Point ② 상호배제는 하나의 자원을 차지하기 위해 서로 경쟁 관계에 있을 수 있으므로 자원을 순서 있게 할당하는 방법이 필요하다.
③ 세마포어는 Dijkstra에 의해 고안된 방법으로 세마포어라 불리는 정수 변수의 값을 이용해 상호 배제 문제와 동기화 문제를 해결할 수 있다.
④ 교착상태란 다중 프로그래밍 상에서 두 개의 프로세스가 실행 중에 있게 되면 각 프로세스는 자신이 필요한 자원을 가지고 실행되다가, 서로 자신이 점유하고 있는 자원을 포기하지 않는 상태에서 다른 프로세스가 자원을 요구하는 경우가 발생한다. 이 경우 두 프로세스는 모두 더 이상 실행을 할 수 없게 된다. 이러한 현상을 교착상태라 한다.

» ANSWER

7.② 8.①

9 다음과 같은 코드로 동작하는 원형 큐의 front와 rear의 값이 각각 7과 2일 때, 이 원형 큐(queue)가 가지고 있는 데이터(item)의 개수는? (단, MAX_QUEUE_SIZE는 12이고, front와 rear의 초깃값은 0이다)

```c
int queue[MAX_QUEUE_SIZE];
int front, rear;
void enqueue(int item) {
    if( (rear + 1) % MAX_QUEUE_SIZE == front ) {
        printf("queue is full \n");
        return;
    }
    rear = (rear + 1) % MAX_QUEUE_SIZE;
    queue[rear] = item;
}
int dequeue() {
    if( front == rear ) {
        printf("queue is empty \n");
        return -1;
    }
    front = (front + 1) % MAX_QUEUE_SIZE;
    return queue[front];
}
```

① 5   ② 6

③ 7   ④ 8

 Point

0	1	2	3	4	5	6	7	8	9	10	11
		r 입력					f 삭제				

㉠ f = 삭제, r = 입력

현재 f가 7이고 r은 2이며 f는 7을 가리키며 삭제를 했고 r은 2를 가리키고 값을 입력한다. f는 r을 따라간다고 계산을 하면 7개가 나온다.

㉡ int enqueue는 입력이며 rear+1을 하기 때문에 다음 입력되어지는 공간이 2+1인 3번째라는 뜻이며 즉, 3번째는 비어있다는 의미이며 그 다음부터는 모두 비어있다는 말이다.

int dequeue()는 삭제를 나타내며, front+1을 하기 때문에 다음 삭제되어지는 공간이 7+1인 8번째라는 뜻이다. 즉 8번째는 입력되어 있다는 의미이며 그 다음부터는 모두 입력되어 있다는 의미이다. 그렇기 때문에 3, 4, 5, 6, 7번에 데이터가 없는 비어있는 공간이고 나머지는 데이터가 있는 공간이 된다.

>> ANSWER

9.③

10 다음 자바 코드를 컴파일할 때, 문법 오류가 발생하는 부분은?

```java
class Person {
    private String name;
    public int age;
    public void setAge(int age) {
        this.age = age;
    }
    public String toString() {
        return("name: " + this.name + ", age : " + this.age);
    }
}
public class PersonTest {
    public static void main(String[] args) {
        Person a = new Person();      //  ㉠
        a.setAge(27);                 //  ㉡
        a.name = "Gildong";          //  ㉢
        System.out.println(a);        //  ㉣
    }
}
```

① ㉠

② ㉡

③ ㉢

④ ㉣

📢 Point ㉢ 클래스 Person의 인스턴스 변수 name은 private 변수이므로 Person 외부에서 직접적으로 참조할 수 없다. 참조가 가능하기 위해서는 public 변수로 선언하거나 메소드 호출로 접근해야 한다.

≫ ANSWER

10.③

11 여러 다른 데이터에 대하여 서로 다른 처리기가 동시에 하나의 제어장치에 의해 동기화하여 한 명령을 처리하는 구조는?

① 파이프라인 프로세서

② 어레이 프로세서

③ 벡터 프로세서

④ 연관기억장치 프로세서

> **(Point)** ① 하나의 프로세서를 서로 다른 기능을 가진 여러 개의 부프로세서로 나누어 각 프로세서가 동시에 다른 데이터를 처리하도록 한다.
> ③ 벡터의 각 항목들이 적절한 파이프라인으로 나뉘어져 한 단계가 완성되는 동안 연기되는 기법이다.
> ④ 많은 수의 비트로 구성되어 있는 각각의 연관단어는 특수 레지스터, 비교 논리자와 함께 연산에 사용된다.

12 대학, 병원 및 연구소, 기업체 등 LAN 구성이 필요하면서도 여건이 안 되는 기관에 인근 전화국의 데이터 교환망과 기존 통신망을 연결시켜 제공하는 망은?

① VAN

② MAN

③ WAN

④ CO – LAN

> **(Point)** ① 회선을 직접 보유하거나 통신사업자의 회선을 임차 또는 이용하여 단순한 전송기능 이상의 정보의 축적이나 가공, 변환처리 등의 부가가치를 부여한 음성, 데이터 정보를 제공해 주는 매우 광범위하고 복합적인 서비스의 집합
> ② LAN의 서비스영역 협소와 WAN의 능률저하 및 일정 지역에 대한 비경제성을 극소화한 망
> ③ 이해관계가 깊은 연구소간 및 다국적 기업 또는 상호 유대가 깊은 동호기관을 LAN으로 상호 연결시킨 망

13 데이터 통신망의 이용측면에서 볼 때 종합정보통신망(ISDN)에 대한 설명으로 타당한 것은?

① 통신의 내용이나 데이터가 전송되는 과정에서 가공 처리되어 수신자에게 전달되는 통신망

② 카드 회사, 은행, 가맹점 등이 함께 통신망을 구성하여 정보교환이 가능한 시스템

③ 동일 지역 내에 있는 대학이나 연구소 단지 내에 설치된 컴퓨터와 단말기가 유기적으로 결합된 통신시스템

④ 때와 장소와 대상을 구분하지 않고 언제 어디서나 누구든지 전달할 수 있는 정보의 대중화를 실현하기 위한 시스템

🔊(Point) ① 회선을 직접 보유하거나 통신사업자의 회선을 임차 또는 이용하여 단순한 전송기능 이상의 정보의 축적이나 가공, 변환처리 등의 부가가치를 부여한 음성, 데이터 정보를 제공해 주는 매우 광범위하고 복합적인 서비스 집합인 VAN의 이용
② 이해관계가 깊은 연구소간 및 다국적 기업 또는 상호 유대가 깊은 동호기관을 LAN으로 상호 연결시킨 망인 WAN의 이용
③ 동일 빌딩 또는 구내, 기업 내의 비교적 좁은 지역에 분산배치된 각종 단말장치인 LAN의 이용

14 국가나 기업 간의 무역에서 거래서식을 표준화된 양식으로 컴퓨터간의 통신에 의하여 교환되는 방식을 무엇이라 하는가?

① FAX

② EDI

③ CCIS

④ ARS

🔊(Point) ② 전자문서교환

15 다음 중 영상압축기법에 해당되지 않는 것은?

① 서브 샘플링 기법

② 동작 보상 기법

③ 드로잉 기법

④ 델타 프레임 기법

🔊(Point) ③ 그래픽 응용 소프트웨어의 한 종류이다.

> ☆ Plus tip 영상 압축 기법
> ㉠ 서브 샘플링 기법 : 주어진 정보의 일부만을 사용하는 기법
> ㉡ 주파수 차원 변환 기법 : 2차원 정보를 이산 코사인 변환을 하여 2차원 주파수로 변환시킨 후 낮은 주파수로 표현되는 정보만을 사용하는 기법
> ㉢ 무손실 기법 : 압축 후 복원시 데이터의 손실 없이 재현할 수 있는 기법
> ㉣ 손실 기법 : 압축 후 복원시 데이터는 손실되지만 압축효과는 큰 기법
> ㉤ 델타 프레임 기법 : 동영상의 경우 앞·뒤 화면의 차이가 적을 경우 앞 화면과의 차이만을 기록하는 기법
> ㉥ 동작 보상 기법 : 앞·뒤 화면의 차이가 많을 경우 벡터 정보를 기록하여 정보량을 줄이는 기법

16 디스크에서 헤드가 원하는 섹터를 찾는 데 걸리는 시간은?

① 검색시간(Search Time)

② 탐색시간(Seek Time)

③ 접근시간(Access Time)

④ 전송시간(Transfer Time)

🔊(Point) ② 헤드가 원하는 트랙으로 이동하는 시간

③ 데이터에 접근하는 데 걸리는 시간

④ 디스크와 주기억장치 간에 자료가 이동하는 데 걸리는 시간

>> ANSWER

15.③ 16.①

17 다음 논리회로에서 A = 1010, B = 0010일 때, S에 출력되는 값은?

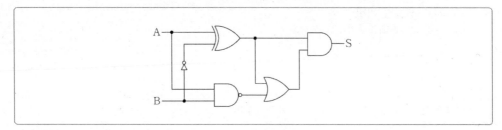

① 1011

② 1101

③ 0111

④ 1110

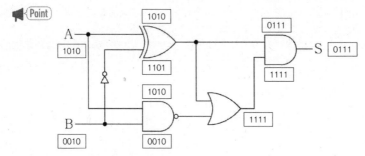

$(A \oplus B') \cdot (A \oplus B') + AB = A \oplus B'$

A = 1010, B = 0010, B' = 1101 이므로

S = A $\oplus$ B' = 0111

>> ANSWER

17.③

18 다음 C 프로그램의 실행 결과는?

```
#include<stdio.h>
int main()
{
    char* array1[2] = {"Good morning", "C language" };
    printf("%s \n", array1[0]+5);
    printf("%c \n", *(array1[1]+6));
    return 0;
}
```

① Good morning

  C-language

② morning

  a

③ morning

  g

④ morning

  u

실행 결과

서식문자	출력대상	출력형태
%c	char	값에 대응하는 문자(하나)
%s	char*	문자열

㉠ printf("%s \n", array1[0]+5); → 첫 번째 원소에 있는 5번째부터 해당되는 문자열 → morning

㉡ printf("%c \n", *(array1[1]+6)); → 두 번재 원소에 있는 6번째 자리의 대응하는 문자(하나) → u

≫ ANSWER

18.④

19 운영체제에 대한 설명으로 옳지 않은 것은?

① SJF는 기다리고 있는 작업 중에서 수행시간이 가장 짧다고 판정된 것을 먼저 수행하는 방식이다.

② 비선점(Non preemption)은 모든 프로세스들에 대한 대우가 짧은 작업, 긴 작업에 상관없이 공정하다.

③ 선점(Preemption)은 일단 CPU를 할당받으면 다른 프로세스가 CPU를 강제로 빼앗을 수 없는 방식이다.

④ 라운드로빈(Round Robin)은 하나의 프로세스가 CPU를 독점하는 것을 막기 위한 기법이다.

📢 **Point** ③ 선점(Preemption)은 한 프로세스가 CPU를 점유하고 있을 때 우선순위가 높은 다른 프로세스가 현재 프로세스를 중지시키고 자신이 CPU를 차지할 수 있는 방법이다.

≫ ANSWER
19.③

20 HTML의 기본구조에 대한 설명으로 옳은 것은?

① TAG : HTML 언어로 작성되었다는 것을 나타낸다.

② HEAD : 문서의 정보에 관한 정보를 나타낸다.

③ HTML : 웹 브라우저의 제목 표시줄에 기록할 내용을 기술한다.

④ BODY : 설명문을 위한 태그이다.

🔈 Point ① HTML 문서를 작성하기 위해서 쓰는 일종의 약속(명령어)이다.

③ HTML언어로 작성되었다는 것을 나타내준다.

④ 이 태그 안에 서술한 내용이 브라우저에 표시되는 문서가 된다.

1　다음 중 한글 2벌식 자판에 관한 설명으로 옳지 않은 것은?

① 자음 19개, 모음 14개로 구성된다.

② 한글 표준 자판에 해당한다.

③ 인체 공학과 한글의 구성 원리를 반영했다.

④ 입력 속도가 느리고 오타율이 높다.

🔊 Point ③은 한글 3벌식 자판의 특징이다.

2　문법 G가 다음과 같을 때 S_1으로부터 생성할 수 없는 것은?

$$G : S_1 \to 0S_2 \quad S_1 \to 0$$
$$S_2 \to 0S_2 \quad S_2 \to 1$$

① 0

② 00

③ 01

④ 001

🔊 Point 구 구조 문법 … 기호 또는 기호열을 다른 기호열로 바꾸어 쓸 경우 바꿔 쓰기 규칙의 체계로 표현
되는 생성 문법, 문맥 자유 문법, 문맥 규정 문법 등이 있다. S는 시단기호로 이 문법 G로 인해 S
로부터 도출되는 문의 집합을 문법 G로 인해 생성되는 언어라 하고, 구 구조 문법으로 인해 생성되
는 언어를 구 구조 언어라 한다.

① 0 : $S_1 \to 0$

③ 01 : $S_1 \to 0S_2$, $S_2 \to 1$

④ 001 : $S_1 \to 0S_2$, $S_2 \to 0S_2$, $S_2 \to 1$

≫ ANSWER

1.③　2.②

3 컴퓨터에서 중앙처리장치와 입출력장치 사이의 속도 차이로 인한 문제점을 해결해 주는 것은?

① 자기버블 메모리

② 캐시기억장치

③ 카운터

④ 채널

> **(Point)** ① 자기버블 메모리는 직접 접근 기억장치로 인조가넷의 얇은 수정판막 위에 형성된 조그마한 자기 버블들로 구성된다.
> ② 캐시기억장치는 중앙처리장치와 주기억장치 사이에 있는 메모리로 중앙처리장치의 동작과 동등 한 속도로 접근할 수 있는 고속의 특수 소자로 구성된다.
> ③ 카운터는 입력펄스에 따라 레지스터의 상태가 미리 정해진 순서대로 변화하는 레지스터이다.

4 스레드(thread)에 대한 설명으로 옳지 않은 것은?

① 스레드는 자기만 접근할 수 있는 스레드별 데이터를 갖지 않는다.

② 단일 프로세스에 포함된 스레드들은 프로세스의 자원을 공유할 수 있다.

③ 멀티프로세서 환경에서는 각각의 스레드가 다른 프로세서에서 수행될 수 있다.

④ Pthread는 스레드 생성과 동기화를 위해 POSIX가 제정한 표준 API이다.

> **(Point)** 스레드(thread) … 멀티태스크 환경에서 OS가 프로그램을 평행처리할 때 효율적인 처리를 실현하기 위해 처리를 분할하는데, 그 단위를 가리킨다. 스레드는 자기만 접근할 수 있는 별도의 스택과 레지 스터를 갖는다.

5 TCP/IP 프로토콜에 대한 설명으로 옳지 않은 것은?

① ARP(Address Resolution Protocol)는 IP 주소를 물리 주소로 변환해 준다.

② RARP는 호스트의 논리 주소를 이용하여 물리 주소인 IP 주소를 얻어 오기 위해 사용되는 프로토콜이다.

③ TCP는 패킷 손실을 이용하여 혼잡정도를 측정하여 제어하는 기능도 있다.

④ IGMP는 인터넷 그룹 관리 프로토콜이라 하며, 멀티캐스트를 지원하는 호스트나 라우터 사이에서 멀티캐스터 그룹 유지를 위해 사용된다.

Point ② RARP는 호스트의 물리 주소를 이용하여 논리 주소인 IP 주소를 얻어 오기 위해 사용되는 프로토콜이다.

6 컴퓨터 그래픽에서 벡터(vector)방식의 이미지에 대한 설명으로 옳지 않은 것은?

① 직선과 도형을 이용하여 이미지를 구성한다.

② 픽셀단위로 그림을 표현하기 때문에 사실적이고 정밀한 그림을 그릴 때에 적합하다.

③ 그림을 확대하거나 축소할 때 그림영역이 재계산 되므로 원래의 형태를 계속 유지시킨다는 장점이 있다.

④ 그림에 대한 정보를 수식형태의 명령어들의 집합으로 표현한다.

Point ② 비트맵(Bitmap) 방식은 픽셀단위로 그림을 표현하기 때문에 사실적이고 정밀한 그림을 그릴 때에 적합하다.

» ANSWER

5.② 6.②

7 다음 내용에 적합한 매체 접근 제어(MAC) 방식은?

> • IEEE 802.11 무선 랜에서 널리 사용된다.
> • 채널이 사용되지 않는 상태임을 감지하더라도 스테이션은 임의의 백오프 값을 선택하여 전송을 지연시킨다.
> • 수신 노드는 오류 없이 프레임을 수신하면 수신 확인 ACK 프레임을 전송한다.

① GSM
② CSMA/CA
③ CSMA/CD
④ LTE

📢 Point ① GSM : 종합정보통신망과 연결되어 모뎀을 사용하지 않고도 전화단말기, 팩시밀리, 랩톱 등에 직접 접속하여 이동데이터 서비스를 받을 수 있는 유럽식 디지털 이동통신 방식이다.
③ CSMA/CD : 자료를 전송하고 있는 동안 회선을 감시하여 충돌이 감지되면 즉각 전송을 종료시키는 방식이다. 버스형 LAM에 적용되는 방식이다.
④ LTE : HSDPA(고속하향패킷접속)보다 12배 이상 빠른 고속 무선 데이터 패킷통신 규격을 가리킨다.

8 다음 글이 설명하는 것은?

> 컴퓨터 시스템을 구성하고 있는 하드웨어 장치와 일반 컴퓨터 사용자 또는 응용 프로그램의 중간에 위치하여 사용자들이 보다 쉽고 간편하게 컴퓨터 시스템을 이용할 수 있도록 컴퓨터 시스템을 제어하고 관리하는 프로그램이다.

① 운영체제
② 부트스트래핑
③ 감시 프로그램
④ 서비스 프로그램

📢 Point ② 부트스트래핑은 운영체제가 자기 자신을 적재하는 과정을 말하며 부트스트랩 로더가 담당한다.
③ 감시 프로그램은 시스템의 모든 동작상태를 감시·감독·관리기능을 수행하는 프로그램이다.
④ 서비스 프로그램은 사용자의 편의를 위해 사용빈도가 높은 프로그램을 시스템 제공자가 미리 작성하여 사용자에게 제공해 주는 프로그램이다.

》 ANSWER
7.② 8.①

9 다음 C 프로그램의 출력 값은?

```c
#include 〈stdio.h〉

int main()
{
  int darr[3][3] = {{1,2,3},{4,5,6},{7,8,9}};
  int sum1, sum2;

  sum1 = *(*darr + 1) +*(*darr +2);
  sum2 = *darr[1] +*darr[2];
  printf("%d, %d", sum  1, sum2);
}
```

① 3, 5
② 5, 5
③ 5, 11
④ 11, 5

📢 **Point** 2차원 배열을 묻는 문제로서 2차원 배열 이상의 배열을 다차원 배열이라 하는데, 주로 2차원 배열만 사용한다. 2차원 배열은 첨자 두 개를 사용하는 배열로 데이터형의 변수가 행(row)과 열(column)를 나타내는데, 첫 번째 첨자는 행을, 두 번째 첨자는 열을 나타낸다.

```c
#include 〈stdio.h〉

int main()
{
  int darr[3][3] = {{1,2,3},{4,5,6},{7,8,9}};        // 행이 3, 열이 3인 2차원 배열
  int sum1, sum2;
                                        darr[0]=[1,2,3]
                          darr[1]=[4,5,6]
                          darr[2]=[7,8,9]
  sum1 = *(*darr + 1) +*(*darr +2);
  sum2 = *darr[1] +*darr[2];                //*darr[1]=4  *darr[2]=7
  printf("%d, %d", sum1, sum2);             //sum1=5  sum2=11
}
```

≫ **ANSWER**
9.③

10 B-트리 색인파일의 장점으로 옳지 않은 것은?

① 탐색키를 중복시키지 않는다는 것이다.

② 탐색시간이 빠르다.

③ 색인에 대한 저장공간 관리가 복잡해진다.

④ 잎 노드를 읽기 전에 찾을 경우도 있다.

📢 (Point) B-트리 색인파일의 장점은 탐색키를 중복시키지 않으며, 잎 노드를 읽기 전에 찾을 경우도 있고, 탐색시간도 빠르다.

11 다음 논리회로의 부울식으로 옳은 것은?

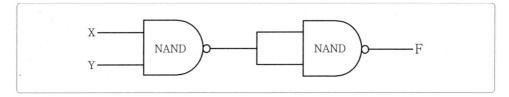

① F = XY

② F = (XY)′

③ F = X′Y

④ F = XY + (XY)′

📢 (Point) NAND는 부정곱이라고 한다. X와 Y가 2개의 논리 스테이트먼트라하고 이들의 부정곱 NAND(X, Y)는 적어도 한쪽 스테이트먼트가 거짓일 때에 연산 결과는 양이다. 그리고 모든 스테이트먼트가 진실이면 연산 결과는 거짓이 된다.

$$F = \overline{\overline{X \cdot Y} \cdot \overline{X \cdot Y}} = \overline{\overline{X \cdot Y}} + \overline{\overline{X \cdot Y}} = X \cdot Y + X \cdot Y = X \cdot Y$$

12 버스트 에러 검출이 가능한 코드로 송신측이 보낸 데이터에 어떤 계산을 한 후 정해진 값이 아니면 에러의 발생을 알려주는 에러검출법은?

① CRC

② Parity Check

③ Block Sum Check

④ ARQ

> **Point** ② 하나의 패리티비트를 송신할 문제에 붙이는 방식
> ③ 프레임 위주 전송에 사용되어 단일비트 에러검출
> ④ 수신기가 에러를 검출하여 정정하지 않고 송신기에 재전송을 요구하는 에러복구 방법

13 충돌을 감소시키기 위해서 패킷의 송출을 시작하기 직전에 채널이 사용 중인지 아닌지를 신호 검출에 의하여 조사하고, 사용 중이면 적어도 그 신호가 없어질 때까지 송신의 개시를 연기하는 방식은?

① 토큰링 방식

② FDDI

③ 토큰버스 방식

④ CSMA/CD 방식

> **Point** ① 루프를 초기화하고 토큰패스를 개시하기 위한 제어로서 토큰의 분실, 중복을 검출하고 회복하는 기능 제어
> ② 광섬유 매체를 사용한 방식으로 접속제어는 토큰 대상으로 링형 통신망을 사용하는 100[Mbps]의 고속 LAN
> ③ 논리적으로 링을 구성하고 노드의 신규참여와 제거에 따라 논리적 링의 보수를 위한 프로토콜이 필요

>> ANSWER

12.① 13.④

14 WWW 서비스 서버와 프로그램간의 인터페이스로 사용자가 브라우저를 통해 서버로 보낸 데이터를 서버에서 작동 중인 데이터 처리 프로그램에 전달하고, 프로그램에서 처리된 데이터를 다시 서버로 되돌려 보내는 역할을 하는 것은?

① CGI

② DNS

③ DCOM

④ API

📢 (Point) ② 인터넷에 연결된 특정 컴퓨터의 도메인 이름을 IP주소를 찾아 변환해 주는 일을 하는 컴퓨터 체계
③ Component Object Model(COM)이 분산 컴퓨팅을 지원하기 위해 확장된 것
④ 특정 응용프로그램이나 개발툴에서 프로그래머에게 프로그램 작성을 용이하도록 하기 위해 제공하는 일종의 라이브러리

15 JPEG에 대한 설명 중 옳지 않은 것은?

① 사용자의 요구에 따라 압축 정도를 변화시킬 수 있는 장점이 있다.

② 압축과 복원 수행시 많은 시간이 걸린다.

③ 동영상 압축의 표준이며 비대칭 압축기법을 사용한다.

④ 서브 샘플링과 주파수 변환기법을 함께 사용한다.

📢 (Point) ③은 MPEG에 대한 설명이다.

> ☆ **Plus tip** JPEG
> ㉠ 이미지 정보의 압축방식의 표준이다.
> ㉡ 사용자의 요구에 따라 압축 정도를 변환시킬 수 있다.
> ㉢ 압축과 복원 수행 시 많은 시간이 걸린다.
> ㉣ 서브 샘플링과 주파수 변환기법을 함께 사용한다.

>> ANSWER

14.① 15.③

16 다음 C 프로그램의 출력 값은?

```c
#include <stdio.h>

int recur(int a, int b)
{
  if (a <=1)
    return a * b;
  else
    return a * recur(a-1, b+1) + recur(a-1, b);
}


int main()
{
  int a=3, b=2;

  printf("%d\n", recur(a,b));
}
```

① 24

② 30

③ 41

④ 52

Point

```
#include <stdio h>

int recur(int a, int b)                         // 두 개의 값을 매개변수에 받아서
{
  if (a <=1)                                    // 비교한 후 1이 크거나 같으면
    return a * b;                               // a * b값을 반환하고 함수를 빠져
                                                   나간다.
  else                                          // 그렇지 않으면
    return a * recur(a-1, b+1) + recur(a-1, b);

                                                // a * recur(a-1, b+1) + recur(a-1,
                                                   b)을 반환하고 빠져 나간다.

}

int main()
{
  int a=3, b=2;

  printf("%d\n", recur(a,b));                   // 반환되서 recur(a,b) 값을 출력한다.
}
```

※ return은 함수를 호출한 곳으로 값을 반환하는 역할을 하기도 하지만, 함수를 빠져 나가는 역할
  을 하기도 한다.
  3*(2, 3)+(2, 2)
  =3*(2*(1, 4)+(1, 3))+2*(1, 3)+(1, 2)
  =3*(2*4+1*3)+2*3+2
  =33+8
  =41

>> ANSWER

16.③

17 컴퓨터의 특징에 대한 설명으로 옳지 않은 것은?

① 방대한 양을 저장할 수 있다.

② 처리속도가 매우 빠르다.

③ 개발능력이 있다.

④ 시간 · 비용 등의 경제적 이익을 가져다 준다.

> (Point) 컴퓨터의 특징 ··· 신속성, 신뢰성, 정확성, 대용량성, 공유성, 범용성, 경제성, 호환성

18 컴퓨터 시스템의 보안유지방식이 아닌 것은?

① 외부보안

② 정보보안

③ 사용자 인터페이스 보안

④ 내부보안

> (Point) 보안의 종류
> ㉠ 외부보안 : 불법 침입자나 천재지변으로부터 시스템을 보호한다.
> ㉡ 내부보안 : 불법 침입자로부터 프로그램이나 자료 및 데이터를 보호하기 위해 하드웨어나 운영체제의 내장된 보안기능을 통해 시스템을 보호한다.
> ㉢ 사용자 인터페이스 보안 : 사용자의 신원을 운영체제가 확인하는 절차를 통해 인증된 사용자만 시스템에 들어올 수 있게 한다.

19 다음 중 허브(HUB)에 대한 설명으로 옳지 않은 것은?

① 네트워크 계층에서 LAN을 상호 접속하는 장치이다.

② 배선의 간소화와 이동의 편리함을 제공한다.

③ 통합회선 관리를 위해 사용한다.

④ LAN이 보유한 대역폭을 PC 대수만큼 나누어 제공하는 기능을 한다.

> (Point) ① 라우터에 대한 설명으로 라우터는 Protocol의 전환이 없거나 Protocol이 다른 3개 이상의 네트워크를 연결하여 데이터 전달통로를 제공해 주는 Host LAN을 WAN에 접속시킬 때 유용한 장비이다.

≫ ANSWER

17.③ 18.② 19.①

20 다음 데이터베이스 스키마에 대한 설명으로 옳지 않은 것은? (단, 밑줄이 있는 속성은 그 릴레이션의 기본키를 화살표는 외래키 관계를 의미한다)

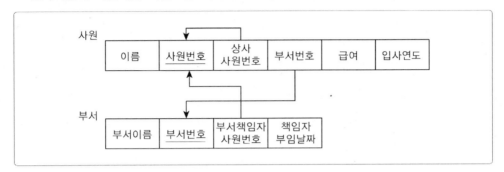

① 외래키는 동일한 릴레이션을 참조할 수 있다.
② 사원 릴레이션의 부서번호는 부서 릴레이션의 부서번호 값 중 하나 혹은 널이어야 한다는 제약조건은 참조무결성을 의미한다.
③ 신입사원을 사원 릴레이션에 추가할 때 그 사원의 사원번호는 반드시 기존 사원의 사원번호와 같지 않아야 한다는 제약 조건은 제1정규형의 원자성과 관계있다.
④ 부서 릴레이션의 책임자부임날짜는 반드시 그 부서책임자의 입사연도 이후이어야 한다는 제약조건을 위해 트리거(trigger)와 주장(assertion)을 사용할 수 있다.

📢(Point) ③ 사원 릴레이션의 사원번호 속성은 기본키로 지정되어 있으므로 중복되는 값을 입력받을 수 없다.

> ☆ **Plus tip** 제1정규형
> ㉠ 제1정규형 : 한 릴레이션 R이 제1정규형을 만족하는 경우는 릴레이션 R의 모든 애트리뷰트가 원자값만을 갖는 경우이다. 즉, 릴레이션의 모든 애트리뷰트에 반복 그룹이 나타나지 않을 경우에 제1정규형을 만족한다.
> ㉡ 제1정규형 해결책
> • 애트리뷰트에 원자값 : 애트리뷰트에 원자값만 갖도록 튜플을 분리한 뒤 정보가 많이 중복되는 문제가 생기는데 다른 정규형으로 해결한다.
> • 두 릴레이션으로 분리 : 반복그룹 애트리뷰트들을 분리해서 새로운 릴레이션을 만든다. 원래 릴레이션의 기본키를 새로운 릴레이션에 애트리뷰트로 추가한다. 원래 릴레이션 키가 새로운 릴레이션의 기본키가 되는 것은 아니다.

>> ANSWER
20.③

1 컴퓨터 용어에 대한 설명으로 옳지 않은 것은?

① 데이터는 현실세계로부터 관찰, 측정을 통하여 수집된 사실이나 값으로 정리되지 않은 자료를 말한다.

② 정보는 어떤 기준에 의해 정리되고 기록된 자료로서 의사결정을 위해 데이터를 처리 가공한 결과이다.

③ 정보처리는 데이터의 수집, 처리 및 가공 등 컴퓨터가 수행하는 일련의 과정으로 데이터를 처리하여 정보를 만들어 낸다.

④ 정보산업이란 컴퓨터와 정보통신이 결합하여 정보의 수집 · 가공 · 유통능력이 획기적으로 증대되면서, 정보의 가치가 산업사회에서의 물질이나 에너지 못지않게 중요시되는 사회이다.

Point 정보사회란 컴퓨터와 정보통신이 결합하여 정보의 수집 · 가공 · 유통능력이 획기적으로 증대되면서, 정보의 가치가 산업사회에서의 물질이나 에너지 못지않게 중요시되는 사회이다.
정보산업이란 정보의 생산 · 가공 · 축적 · 유통 · 판매 등 활동을 위한 산업과 그에 필요한 여러 장치를 제조하는 산업이다.

≫ ANSWER

1.④

2 다음은 캐시 기억장치를 사상(mapping) 방식 기준으로 분류한 것이다. 캐시 블록은 4개 이상이고 사상 방식을 제외한 모든 조건이 동일하다고 가정할 때, 평균적으로 캐시 적중률(hit ratio)이 높은 것에서 낮은 것 순으로 바르게 나열한 것은?

> ㉠ 직접 사상(direct – mapped)
> ㉡ 완전 연관(fully – associative)
> ㉢ 2-way 집합 연관(set – associative)

① ㉠ – ㉡ – ㉢
② ㉡ – ㉢ – ㉠
③ ㉢ – ㉠ – ㉡
④ ㉠ – ㉢ – ㉡

📢 **Point** 캐시 적중률(hit ratio) ··· 명령과 프로그램의 실행에서 요구되는 데이터와 명령어를 읽어 오기 위해 중앙처리장치(CPU)가 주기억 장치에 접근해야 하는 전체 횟수에 대하여 캐시기억 장치 접근으로 충족되는 횟수의 비율을 말한다.

사상함수를 설계할 때 캐시메모리에서 슬롯은 한 블록이 저장되는 장소이다. 그리고 태그는 슬롯에 적재된 블록을 구분해주는 정보이다. 메인메모리에서 캐시메모리로 정보를 옮기는 것을 사상이라고 한다.

사상의 방법은 세 가지이며 직접 사상, 연관 사상, 집합 연관 사상이 있다.

㉠ 직접 사상 : 메인메모리의 임의의 블록에서 첫 번째 워드는 캐시메모리의 첫 번째 슬롯에, 또 다른 블록에서 두 번째 워드는 캐시메모리의 두 번째 슬롯에만 넣을 수 있는 사상 방식이다. 따라서 서로 다른 블록의 첫 번째 워드는 동시에 캐시메모리에 존재할 수 없다. 이 방식은 CPU에서 캐시메모리를 조사할 때 해당 라인만 검사하면 되기 때문에 간단하지만, 일반적으로 적중률이 낮다.

㉡ 연관 사상 : 직접 사상의 단점을 보완한 방식으로 서로 다른 두 블록의 첫 번째 워드가 동시에 캐시메모리에 있도록 하기 위해 메인메모리의 블록번호를 캐시메모리에 저장한다. 이 방식은 CPU가 캐시메모리를 조사할 때, 긴 주소 길이로 인해 검사시간이 길어진다.

㉢ 집합 연관 사상 : 직접 사상과 연관 사상 방식의 장점을 취한 방식으로 집합과 태그가 있는데, 집합 번호는 같고, 태그 번호가 다른 단어들을 저장할 수 있다. 즉 직접 사상에서의 저장공간이 여러 개 있다고 생각하면 된다. 이로 인해 적중률이 직접 사상보다는 높고 연관 사상보다는 낮다. 또한 검사시간은 연관 사상보다는 빠르지만 직접 사상보다는 느리다.

» ANSWER

2.②

3 CISC 프로세서의 특징으로 옳지 않은 것은?

① 프로그램 길이의 최소화와 1개의 명령어로 최대의 동작을 하는 것이 목적이다.

② 고정길이의 명령어 형식을 사용한다.

③ 다양한 어드레싱 모드를 지원한다.

④ 마이크로 프로그래밍 제어방식을 사용하여 설계 및 구현 시 많은 시간을 필요로 한다.

> **Point** CISC(Complex Instruction Set Computer)프로세서의 특징
> ㉠ 프로그램 길이의 최소화와 1개의 명령어로 최대의 동작을 하는 것이 목적이다.
> ㉡ 명령어의 다양한 길이와 형식을 제공한다.
> ㉢ 다양한 어드레싱 모드를 지원한다.
> ㉣ 마이크로 프로그래밍 제어방식을 사용하여 설계 및 구현 시 많은 시간을 필요로 한다.

4 다음 표는 단일 CPU에 진입한 프로세스의 도착 시간과 처리하는 데 필요한 실행 시간을 나타낸 것이다. 프로세스 간 문맥 교환에 따른 오버헤드는 무시한다고 할 때, SRT(Shortest Remaining Time) 스케줄링 알고리즘을 사용한 경우 네 프로세스의 평균 반환시간(turnaround time)은?

프로세스	도착 시간	실행 시간
P1	0	8
P2	2	4
P3	4	1
P4	6	4

① 4.25

② 7

③ 8.75

④ 10

> **Point** SRT(Shortest Remaining Time) 스케줄링 알고리즘은 SJF 기법에 선점방식을 도입한 방법으로 시분할시스템에 유용하며 가장 짧은 시간이 예상되는 프로세스를 먼저 수행하는 것이다.
> $P1 = 17 - 0 = 17$
> $P2 = 7 - 2 = 5$
> $P3 = 5 - 4 = 1$
> $P4 = 11 - 6 = 5$
> $\dfrac{(17+5+1+5)}{4} = 7$

» ANSWER

3.② 4.②

5 다음 용어 설명 중 맞는 것은?

① 쿠키(Cookie)는 인터넷을 이용하면서 특정 사이트에 관한 정보를 개인 컴퓨터에 저장하는 일종의 텍스트파일이다.

② 무결성이란 특정 보안체계를 통해서 데이터의 비밀성을 유지하는 것을 의미한다.

③ 해적행위란 컴퓨터 시스템과 네트워크 분야에 대한 전문적인 지식을 가지고 있으면서 고의로 네트워크를 통해 다른 시스템에 접근하여 자유자재로 조작하는 사람들을 가리킨다.

④ VRML이란 MS사에서 개발된 윈도우즈 환경에서 MS-Word와 같은 일반 응용 프로그램과 웹을 연결하기 위해 개발된 프로그램 언어이다.

📢(Point) ② 비밀보장이란 특정 보안체계를 통해서 데이터의 비밀성을 유지하는 것을 의미한다.
③ 해커란 컴퓨터 시스템과 네트워크 분야에 대한 전문적인 지식을 가지고 있으면서 고의로 네트워크를 통해 다른 시스템에 접근하여 자유자재로 조작하는 사람들을 가리킨다.
④ Active X이란 MS사에서 개발된 윈도우즈 환경에서 MS-Word 와 같은 일반 응용 프로그램과 웹을 연결하기 위해 개발된 프로그램 언어이다.

6 다음의 조건을 모두 만족하는 다중 접근 방식은?

- 임의접근 방식 중의 하나임
- 회선사용 상태를 감지하는 캐리어를 사용하고 충돌이 발생하면 임의시간 대기 후 전송함
- 이더넷의 접근방식으로 사용됨

① Active X

② ARP

③ 표현계층

④ CSMA/CD

📢(Point) ① Active X이란 MS사에서 개발된 윈도우즈 환경에서 MS-Word 와 같은 일반 응용 프로그램과 웹을 연결하기 위해 개발된 프로그램 언어이다.
② ARP(Address Resolution Protocol)는 IP 주소를 물리 주소로 변환해 준다.
③ 표현계층이란 통신장치에서의 데이터의 표현방식, 상이한 부호체계간의 변화에 대하여 규정한다.

7 SRT(Shortest Remaining Time) 스케줄링 특징으로 옳지 않은 것은?

① 선점 스케줄링 기법이다.

② SJF보다 많은 오버헤드가 발생한다.

③ 선점오버헤드로 SJF보다 더 좋은 성능을 가질 수 있다.

④ 긴 작업보다 짧은 작업에 유리하다.

🔈 (Point) ④ 긴 작업보다 짧은 작업에 유리한 것은 SJF 스케줄링이다.

8 교착상태 발생의 필요충분조건 4가지에 해당되지 않는 것은?

① 상호 배제

② 점유 및 대

③ 선점

④ 환형 대기

🔈 (Point) 교착상태 발생의 필요충분조건 4가지

상호 배제	프로세스가 자원을 사용 중일 때는 다른 프로세스는 자원을 사용하지 못하고 대기하는 경우이다.
점유 및 대기	프로세스가 이미 자원을 점유하고 있으면서 다른 프로세스의 자원이 해체되기를 기다리는 경우이다.
비선점	프로세스에 할당된 자원은 사용이 끝날 때까지는 다른 프로세스는 강제로 빼앗을 수 없다.
환형 대기	프로세스와 자원들이 원형을 이루며 각 프로세스는 자신에게 할당된 자원을 가지면서 상대방의 자원을 상호 요청하는 경우이다.

≫ ANSWER

7.④ 8.③

9 다음 논리회로의 부울식으로 옳은 것은?

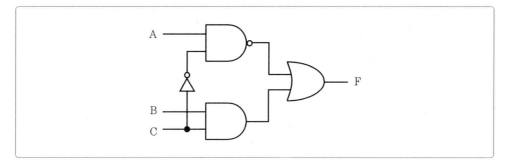

① $F = AC' + BC$

② $F(A, B, C) = \sum m(0, 1, 2, 3, 6, 7)$

③ $F = (AC')'$

④ $F = (A' + B' + C)(A + B' + C')$

> 📢 **Point** $F = (AC')' + BC = (A' + C) + BC \rightarrow$ 드 모르간 법칙 적용
>
> $= A' + C \cdot 1 + BC$
>
> $= A' + C(1 + B) \rightarrow$ 부울대수 기본 정리 적용
>
> $= A' + C = (AC')'$

10 다음 중 프로그래밍 언어의 설계 원칙으로 옳지 않은 것은?

① 프로그래밍 언어의 개념이 분명하고 단순해야 한다.

② 신택스가 분명해야 한다.

③ 자연스럽게 응용할 수 있어야 한다.

④ 프로그램 검증이 복잡하다.

> 📢 **Point** 프로그래밍 언어의 설계원칙
>
> ㉠ 프로그래밍 언어의 개념이 분명하고 단순해야 한다.
>
> ㉡ 신택스가 분명해야 한다.
>
> ㉢ 자연스럽게 응용할 수 있어야 한다.
>
> ㉣ 프로그램 검증이 용이하다.
>
> ㉤ 적절한 프로그램 작성환경이 갖추어져 있어야 한다.
>
> ㉥ 프로그램이 호환성이 있어야 한다.
>
> ㉦ 효율적이어야 한다.

>> ANSWER

9.③ 10.④

11 다음 중 병렬 처리기가 아닌 것은?

① 배열 처리기
② 파이프라인 처리기
③ 마이크로 처리기
④ 다중 처리기

> (Point) ① 데이터를 고속으로 처리하기 위해 연산장치를 병렬로 배열한 처리구조이다.
> ② 각 단계를 분업화하여 차례대로 진행시키는 과정이다. 하나의 프로세서를 서로 다른 기능을 가진 여러 개의 서브 프로세서로 나누어 각 프로세서가 동시에 서로 다른 데이터를 처리하도록 하는 기법이다.
> ④ 시스템에 있는 처리기들에게 독립적인 작업을 각각 배정하여 하나의 처리기는 하나의 작업만을 수행하도록 다중처리가 되게 하는 컴퓨터이다.

12 다음 중 전송할 문자를 여러 블록으로 나누어 각 블록 단위로 전송하는 방식은?

① 동기식 전송
② 병렬 전송
③ 직렬 전송
④ 비동기식 전송

> (Point) 문제의 지문은 동기식 전송 방식에 대한 설명이다.
> ④ 한 문자씩 송·수신하는 방식으로 각 문자는 앞쪽에 시작비트(start bit), 뒤쪽에 1개 또는 2개의 정지비트(stop bit)를 갖는다.

> ☆ Plus tip **혼합형 동기식 전송**
> 동기식 전송처럼 송·수신측이 서로 동기상태에 있어야 한다. 또한 비동기식 전송처럼 시작비트와 정지비트를 갖는다.

13 다음 중 완성형 한글 코드에 관한 설명은?

① 초성, 중성, 종성에 각각의 코드를 부여하고 이를 조합하여 문자 표현
② 정보 교환 시 코드 간 충돌이 일어남
③ 완성된 각각의 글자마다 코드를 부여하는 방식
④ 정보 처리용 코드로 사용

> (Point) ①②④는 조립형 한글 코드

» ANSWER

11.③ 12.① 13.③

14 다음은 C언어로 내림차순 버블정렬 알고리즘을 구현한 함수이다. ㉠에 들어갈 if문의 조건으로 올바른 것은? (단, size는 1차원 배열인 value의 크기이다)

```c
void BubbleSorting(int *value, int size) {
    int x, y, temp;
    for(x = 0; x < size; x++) {
        for(y = 0; y < size - x - 1; y++) {
            if(          ㉠          ) {
                temp = value[y];
                value[y] = value[y+1];
                value[y+1] = temp;
            }
        }
    }
}
```

① value[x] > value[y+1] 　　　　② value[x] < value[y+1]

③ value[y] > value[y+1] 　　　　④ value[y] < value[y+1]

 Point
```
void BubbleSorting(int *value, int size) {
    int x, y, temp;          // 먼저 변수 x와 y를 선언한다.
    for(x=0; x <size; x++) {
        for(y=0; y <size - x - 1; y++) {
            if(value[y]<value[y+1]) {  // 만약 value[y]가 value[y+1]보다 작은 경우 아래 연산을 진
                                       행한다.
        temp=value[y];
        value[y]=value[y+1] ; // value[y]에 value[y+1]를 대입한다.
        value[y+1]=temp ; // value[y+1]에 temp를 대입한다. 앞서 변수 temp에는 value[y]가 대
                          입되어 있으므로 결과적으로 value[y+1]에 초기의 value[y]가 온다.
            }
        }
    }
}
```

※ 문제 소스코드에서 조건 만족 시 value[y]값과 value[y+1]값의 자리바꿈이 이루어지며, 위의 문제는 내림차순 정렬이므로 value[y] < value[y+1] 조건이 만족할 때 자리바꿈이 되어야 한다.

» ANSWER

14.④

15 다음 중 멀티미디어 컴퓨터의 구성요소로 볼 수 없는 것은?

① DVD

② 그래픽 카드

③ 소프트웨어

④ 사운드 카드

> **Point** 멀티미디어 컴퓨터의 구성요소로는 CD-ROM, DVD, 그래픽 카드, 사운드 카드, 영상처리보드 등이 있다.

16 CPU가 명령어를 실행할 때 필요한 피연산자를 얻기 위해 메모리에 접근하는 횟수가 가장 많은 주소지정 방식(addressing mode)은? (단, 명령어는 피연산자의 유효 주소를 얻기 위한 정보를 포함하고 있다고 가정)

① 직접 주소지정 방식(direct addressing mode)

② 간접 주소지정 방식(indirect addressing mode)

③ 인덱스 주소지정 방식(indexed addressing mode)

④ 상대 주소지정 방식(relative addressing mode)

> **Point** ① 명령어의 주소 필드의 내용이 유효 주소가 되는 방식으로 데이터의 인출을 위해 기억장치를 한 번만 접근하나, 지정할 수 있는 기억장치 주소 공간이 제한적이다.
> ③ 명령어의 주소필드의 값과 인덱스 레지스터의 값을 더하여 유효 주소를 구하며 Array의 참조에 유용하다.
> ④ Program Counter 값에 명령어의 주소 필드의 값을 더해서 유효주소를 구하며, 분기 명령어 근처에 분기될 위치가 있는 경우 흔히 사용된다.

» ANSWER

15.③ 16.②

17 주기억장치 관리기법 중 연속할당에 포함되지 않는 것은?

① 단일 프로그래밍   ② 고정분할

③ 세그먼테이션   ④ 가변분할

《Point》 ③ 세그먼테이션은 비연속할당에 포함된다.

> **Plus tip 주기억장치 관리기법**
>
> ㉠ 연속할당
> - 단일 프로그래밍 언어론 : 항상 한 개의 프로세스만이 주기억장치에 적재되어 실행되는 가장 단순한 기법이다.
> - 고정분할 : 다중 프로그래밍 언어론을 위해 주기억장치를 미리 몇 개의 고정된 개수와 크기의 부분으로 분할하여, 여러 개의 사용자 프로그램이 동시에 적재되어 실행하게 하는 기법이다.
> - 가변분할 : 각 프로세스의 요구량에 따라 동적으로 필요한 만큼의 개수와 크기의 분할공간을 생성할 수 있다.
> ㉡ 비연속할당
> - 페이징(paging) : 같은 크기의 페이지 단위로 나누어지며 사용자 프로그램은 페이지 단위로 임의의 빈 페이지 프레임에 적재될 수 있다.
> - 세그먼테이션(Segmentation) : 가변크기이므로 세그먼트 상사표 내에서는 각 세그먼트가 저장된 실기억장치 주소와 함께 세그먼트의 길이도 포함되어 있다.

18 다음 중 엑셀에서 연속되지 않은 셀을 복수로 선택 시 사용하는 키는?

① Alt

② Ctrl

③ Space bar

④ Delete

《Point》 셀 · 행 · 열의 범위지정

㉠ 연속적인 선택
- 셀 : 원하는 범위까지 마우스를 드래그하거나 Shift를 누른 상태에서 마지막 셀을 선택한다.
- 전체 행 또는 열 : 행 또는 열 번호를 클릭한다.

㉡ 비연속적인 선택
- 셀 : Ctrl을 누른 상태에서 드래그하거나 셀을 선택한다.
- 행 또는 열 : Ctrl을 누른 상태에서 떨어진 행 또는 열을 선택한다.

19 다음 이진 트리(binary tree)의 노드들을 후위 순회(post-order traversal)한 경로를 나타낸 것은?

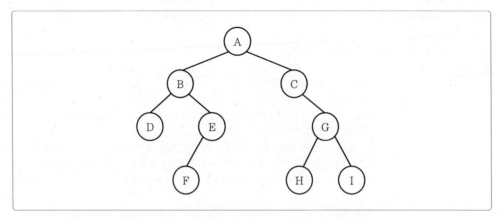

① F→H→I→D→E→G→B→C→A

② D→F→E→B→H→I→G→C→A

③ D→B→F→E→A→C→H→G→I

④ I→H→G→C→F→E→D→B→A

🔊 (Point) 후위 순회의 노드 방문 순서는 '왼쪽 → 오른쪽 → 중간' 순이다. 루트를 기준으로 가장 왼쪽 노드(D)부터 방문한다.

>> ANSWER

19.②

20 클라우드 컴퓨팅 서비스 모델과 이에 대한 설명이 바르게 짝지어진 것은?

> ○ 응용소프트웨어 개발에 필요한 개발 요소들과 실행 환경을 제공하는 서비스 모델로서, 사용자는 원하는 응용소프트웨어를 개발할 수 있으나 운영체제나 하드웨어에 대한 제어는 서비스 제공자에 의해 제한된다.
> ○ 응용소프트웨어 및 관련 데이터는 클라우드에 호스팅 되고 사용자는 웹 브라우저 등의 클라이언트를 통해 접속하여 응용소프트웨어를 사용할 수 있다.
> ○ 사용자 필요에 따라 가상화된 서버, 스토리지, 네트워크 등의 인프라 자원을 제공한다.

	IaaS	PaaS	SaaS
①	©	○	○
②	○	○	©
③	©	○	○
④	○	©	○

📢(Point) 클라우드는 서비스 모델에 따라 크게 3가지로 분류된다. 가상 컴퓨팅 시스템이나 네트워크를 만들 수 있게 해주는 IaaS(Infrastructure as a Service), 브라우저를 통해 인터넷상에서 보편적으로 이용할 수 있는 애플리케이션을 나타내주는 SaaS(Software as a Service), 애플리케이션을 구축할 개발 환경을 만들어주는 PaaS(Platform as a Service)가 있다.

>> ANSWER

20.③

1 다음 중 3세대의 특징이 아닌 것은?

① 논리소자는 집적회로(IC)를 사용하였다.

② 처리속도는 ns(10-9)을 사용하였다.

③ 개인용 컴퓨터가 등장하였다.

④ 입력장치로 OMR, OCR, MICR을 사용하였다.

Point ③ 개인용 컴퓨터의 등장은 4세대의 특징이다.

2 컴퓨터 시스템에 대한 설명으로 옳은 것은?

① 임베디드 시스템은 특정 기능을 수행하기 위해 설계된 컴퓨터 하드웨어와 소프트웨어 및 추가적인 기계 혹은 기타 부품들의 결합체이다.

② 클러스터 컴퓨팅 시스템에 참여하는 컴퓨터들은 다른 이웃노드와 독립적으로 동작하고 상호 연결되어 협력하지 않는다.

③ 불균일 기억장치 액세스(NUMA) 방식은 병렬 방식 중 가장 오래되었고, 여전히 가장 널리 사용된다.

④ Flynn의 분류에 따르면, MISD는 여러 프로세서들이 서로 다른 명령어들을 서로 다른 데이터들에 대하여 동시에 실행하는 것이다.

Point ② 클러스터 컴퓨터: 개인 PC나 소형 서버 등을 네트워크장비를 사용하여 다수대 연결하여 구성한 일종의 병렬처리용 슈퍼컴퓨터이다.

③ 불균일 기억장치 액세스(NUMA) 방식: 모든 프로세서의 기억장치에 대한 접속 시간이 동일한 UMA에 대응되는 구조로서, 시스템 내의 모든 프로세서가 동일한 기억 장치를 공유하고 있지만 기억 장치를 접속하는 시간이 기억 장치의 위치에 따라 다른 구조이다.

④ MISD(Multi Instruction stream Single Data stream): 다수의 처리기에 의해 각각의 명령들이 하나의 Data를 처리하는 구조이며, 실제로는 사용되지 않는 구조로서 Pipeline에 의한 비동기적 병렬처리가 가능하다.

>> ANSWER

1.③ 2.①

3 이항연산자의 종류로 옳지 않은 것은?

① AND

② OR

③ NOT

④ XOR

4 엑셀에서 A2 셀, B3 셀, C2 셀을 선택하는 방법은?

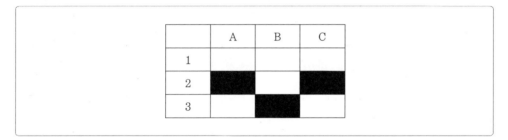

① A2 셀을 클릭하고 [Ctrl] 키를 누른 상태에서 B3, C2 셀을 클릭한다.

② A2 셀을 클릭하고 [Shift] 키를 누른 상태에서 B3, C2 셀을 클릭한다.

③ [Shift] 키를 누른 상태에서 A2, B3, C3를 클릭한다.

④ [Shift] 키를 누른 상태에서 행 번호 2를 클릭하고 B열을 클릭한다.

5 데이터베이스 관리 시스템(database management system)을 구축함으로써 생기는 이점만을 모두 고른 것은?

> ㉠ 응용 소프트웨어가 데이터베이스에 관한 세부 사항에 자세히 관련할 필요가 없어져서 응용 소프트웨어 설계가 단순화될 수 있다.
> ㉡ 데이터베이스에 대한 접근 제어가 용이해진다.
> ㉢ 데이터 독립성을 제거할 수 있다.
> ㉣ 응용 소프트웨어가 데이터베이스를 직접 조작하게 된다.

① ㉠, ㉡   ② ㉠, ㉢
③ ㉡, ㉣   ④ ㉢, ㉣

> **Point** 데이터베이스 관리 시스템(DBMS)의 정의
> ㉠ DBMS(DataBase Management System)는 응용 프로그램과 데이터베이스의 중재자로서, 응용 프로그램들이 데이터베이스를 공용할 수 있도록 하는 시스템 소프트웨어이다.
> ㉡ 데이터베이스를 액세스하기 위해 제어, 접근방법, 관리 등의 기능을 수행하는 소프트웨어로, 파일 시스템에서 야기된 데이터의 종속성·중복성 문제를 해결하기 위해 사용된다.
> ㉢ DBMS를 이용하는 응용 프로그램은 데이터베이스의 생성, 접근 방법, 보안, 물리적 구조 등의 자세한 설명 없이, 원하는 데이터와 처리 작업만을 DBMS에 요청하면 된다.
> ㉣ DBMS는 데이터베이스를 종합적으로 조직·접근하며 전체적으로 통제할 수 있는 프로그램들로 구성되어 있으므로 응용 프로그램의 요청을 책임지고 수행시켜 줄 수 있다.

6 다음 글에서 설명하는 것은?

> 패킷교환망인 인터넷을 이용하여 음성정보를 전달하는 전화 관련 기술로서 저렴한 전화서비스를 구현하는데 사용된다. 관련 표준 프로토콜로 ITU H323과 IETF SIP가 있고, 게이트웨이를 이용하여 공중전화망(PSTN)과 연결할 수 있다.

① URL   ② VoIP
③ W3C   ④ IPv4

> **Point** ① URL은 인터넷에 있는 정보의 위치를 표기하기 위한 표준적인 방법이다.
> ③ W3C는 www와 관련된 표준안의 제작과 새로운 표준안을 제안하는 전세계적인 단체이다.
> ④ IPv4는 10진수 숫자로 나타낸 인터넷 주소이다.

» ANSWER

5.① 6.②

7 언어번역과정의 순서가 올바르지 않은 것은?

① 원시프로그램 → 링커 → 목적프로그램 → 컴파일러 → 로드모듈 → 로더 → 실행프로그램

② 실행프로그램 → 컴파일러 → 목적프로그램 → 링커 → 로드모듈 → 로더 → 원시프로그램

③ 원시프로그램 → 컴파일러 → 목적프로그램 → 링커 → 로드모듈 → 로더 → 실행프로그램

④ 원시프로그램 → 컴파일러 → 목적프로그램 → 링커 → 로더 → 로드모듈 → 실행프로그램

📢 **Point** 언어번역과정의 순서는 원시프로그램 → 컴파일러 → 목적프로그램 → 링커 → 로드모듈 → 로더 → 실행프로그램이다.

8 다음 글이 설명하는 것은?

> 컴퓨터 운영체제의 메모리 관리 방법 가운데 하나로 프로세스와 주기억장치를 고정된 크기의 블록 단위로 나누고, 프로세스 실행 시 필요한 블록만을 보조기억장치에서 주기억장치로 가져오므로 프로세스의 물리적인 저장 공간을 비연속적으로 할당하는 것이 가능하다.

① 페이징

② 세그먼테이션

③ 혼합기법

④ 스와핑기법

📢 **Point** ② 세그먼테이션은 보조기억장치와 주기억장치 사이의 정보이동이 가변 크기인 세그먼트 단위로 이루어지는 기법이다.
③ 혼합기법은 세그먼트를 페이지별로 분류하는 기법이다.
④ 스와핑기법은 단일 프로그래밍 기법에서 다중 사용자들의 작업을 실행하기 위한 방법이다.

9 다음 중 전자출판 용어에 관한 설명으로 옳지 않은 것은?

① 리딩(Leading) : 그래픽 이미지에 효과를 넣는 방법으로 미세한 점으로 이루어진 흑색과 백색으로 이미지 명암 표현 가능

② 리터칭(Retouching) : 기존의 이미지를 다른 형태로 새롭게 변형시키는 작업

③ 모핑(Morphing) : 두 개의 이미지를 부드럽게 연결해 변환·통합하는 것으로 컴퓨터 그래픽 영화 등에서 응용되는 기법

④ 베타테스트(Beta Test) : 전자출판 매체를 정식으로 내놓기 전에 오류가 있는지를 발견하기 위해 미리 정해진 사용자 계층이 활용해보는 것

> **(Point)** ①은 디더링(Dithering)에 관한 설명이다.

10 블랙박스 테스트 기법 중 다음 설명에 해당하는 것은?

> 여러 버전의 프로그램에 동일한 검사 자료를 제공하여 동일한 결과가 출력되는지 검사하는 기법이다.

① 경계값분석(Boundary Value Analysis)
② 원인효과그래픽기법(Cause Effect Graphing Testing)
③ 동치분할검사(Equivalence Partitioning Testing)
④ 비교검사(Comparison Testing)

> **(Point)** ① 경계값분석(Boundary Value Analysis)은 입력조건의 중간값에서 보다 경계값에서 에러가 발생될 확률이 높다는 점을 이용하여 이를 실행하는 테스트
> ② 원인효과그래픽기법(Cause Effect Graphing Testing)은 입력데이터 간의 관계가 출력에 영향을 미치는 상황을 체계적으로 분석하여 효용성 높은 시험사례를 발견하고자 원인 – 결과 그래프 기법을 제안함
> ③ 동치분할검사(Equivalence Partitioning Testing)는 프로그램의 입력 도메인을 테스트 케이스가 산출 될 수 있는 데이터의 클래스로 분류하는 방법

>> ANSWER

9.① 10.④

11 소프트웨어 테스트에 대한 설명으로 옳지 않은 것은?

① 단위(unit) 테스트는 개별적인 모듈에 대한 테스트이며 테스트 드라이버(driver)와 테스트 스텁(stub)을 사용할 수 있다.

② 통합(integration) 테스트는 모듈을 통합하는 방식에 따라 빅뱅(big-bang) 기법, 하향식(top-down) 기법, 상향식(bottom-up) 기법을 사용한다.

③ 시스템(system) 테스트는 모듈들이 통합된 후 넓이 우선 방식 또는 깊이 우선 방식을 사용하여 테스트한다.

④ 인수(acceptance) 테스트는 인수 전에 사용자의 요구 사항이 만족되었는지 테스트한다.

📢 **Point** ③ 시스템 테스트(System Test)는 실제 최종 사용 환경과 유사한 환경에서 이루어지는 테스트이다. 독립적인 테스트 팀이 수행한다.

① 단위 테스트(Unit Test)는 구현 단계에서 프로그래머가 실시하는 모듈에 대한 테스트이다. 화이트박스 테스팅 & 블랙박스 테스팅 기법 가용 가능하다.

② 통합 테스트(Integration Test)는 시스템을 구성하는 모듈을 모아 통합적으로 하는 테스트이다. 테스트 대상의 크기가 클수록 백본, 빅뱅, 상향식, 하향식 접근법을 이용해 테스트하는 것으로 결함 위치를 찾기 쉽다.

④ 인수 테스트(Acceptance Test)는 완성된 제품에 대한 시험이다. 시스템을 사용할 환경에 설치하여 시험(Installation Test)한다.

12 B-ISDN에 대한 설명 중 옳지 않은 것은?

① 고정크기 셀 단위로 정보를 전송한다.

② 패킷 교환방식을 이용한다.

③ 영상전화, 영상회의 등의 서비스를 한다.

④ 광 케이블을 사용한다.

📢 **Point** ② ATM 교환방식을 이용한다.

13 다음 C 프로그램의 출력 값은?

```
#include <stdio.h>

int func(int n);
int main(void){
    int num;


    printf("%d \n", func(5));
    return 0;
}


int func(int n){
    if (n < 2)
        return n;
    else {
        int i, tmp, current=1, last=0;
        for(i=2; i<=n; i++){
            tmp = current;
            current += last;
            last = tmp;
        }
        return current;
    }
}
```

① 5
② 6
③ 8
④ 9

main 함수에서 func 함수를 호출(실매개변수 5를 형식매개변수 n에 전달)

```
if (n < 2)                                    // n은 5로 거짓임으로 else로 분기
return n;
else {
int i, tmp, current=1, last=0;                // 각 변수 초기화
for(i=2; i<=n; i++){                           // i는 2부터 n까지 1씩 증가하면 반복
tmp = current;                                 // tmp에 current값을 배정
current += last;                               // current에 current+last값을 배정
last = tmp;                                     // last에 tmp값을 배정
}
return current;                                // current 값을 리턴
```

14 프림(Prim) 알고리즘을 이용하여 최소 비용 신장 트리를 구하고자 한다. 다음 그림의 노드 0에서 출발할 경우 가장 마지막에 선택되는 간선으로 옳은 것은? (단, 간선 옆의 수는 간선의 비용을 나타낸다)

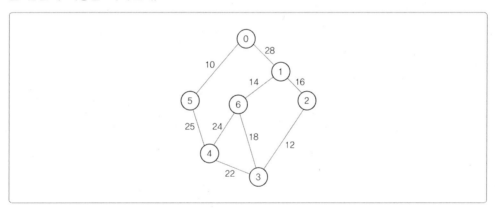

① (1, 2) ② (1, 6)

③ (4, 5) ④ (4, 6)

 Point 프림(Prim) 알고리즘은 가중치가 있는 연결된 무향 그래프의 모든 꼭짓점을 포함하면서 각 변의 비용의 합이 최소가 되는 부분 그래프인 트리, 즉 최소비용 생성나무를 찾는 알고리즘이다.
  • 임의의 정점 하나를 선택하여 최소 비용 신장트리 T로 정한다.
  • 트리 T 안의 한 정점과 트리 T 밖의 한 정점을 연결하는 간선들 중 비용이 가장 작은 것을 선택함으로써 트리 T에 정점 한 개를 추가하는 작업을 모든 정점이 트리 T 안에 포함될 때까지 반복한다.
  • 간선의 순서는 0-5-4-3-2-1-6 이다.

15 다음 중 필름 없이 장치 내에 내장된 반도체 메모리에 기록하며 스캐너가 필요없는 장점을 가진 멀티미디어 제작 하드웨어는?

① 스캐너

② CD – RW

③ 디지털 카메라

④ 비디오 오버레이 보드

> **Point** ① 사진 혹은 필름을 디지털 형태로 변환하여 저장할 수 있는 장치
> ② CD – ROM에 데이터를 읽고 기록할 수 있는 기능을 수행하는 장치
> ④ 외부 아날로그 비디오 신호를 컴퓨터 화면에 보여주기 위한 장치

16 다음 중 한 대의 시스템을 여러 사용자가 공동으로 이용하는 경우 각 사용자들에게 CPU에 대한 사용권을 일정 시간동안 할당하여 마치 각자가 컴퓨터를 독점하여 사용하고 있는 것처럼 느끼게 하는 시스템 운영방식은?

① 일괄처리시스템

② 시분할시스템

③ 다중처리시스템

④ 다중프로그래밍시스템

> **Point** ① 일괄처리시스템: 입력되는 자료들을 일정 기간 동안 또는 일정량의 자료를 모아 두었다가 한꺼번에 처리하는 방식
> ③ 다중처리시스템: 주기억장치나 입출력장치 등을 복수개의 논리장치를 연결하여 서로 공용할 수 있도록 한 시스템
> ④ 다중프로그래밍시스템: 여러 작업을 메모리에 적재해 놓고, 어느 한 작업이 입출력을 하는 시간에도 다른 작업이 CPU를 이용할 수 있게 하는 운영체제의 기법

>> ANSWER

15.③ 16.②

17 한 지역 안에서 컴퓨터와 단말기를 같이 공유할 수 있는 시스템은?

① VAN

② LAN

③ ISDN

④ VIDEOTEX

🔊(Point) ① 회선을 직접 보유하거나 통신사업자의 회선을 임차 또는 이용하여 단순한 전송기능 이상의 정보의 축적이나 가공, 변환처리 등의 부가가치를 부여한 음성, 데이터 정보를 제공해 주는 매우 광범위하고 복합적인 서비스의 집합
③ 하나의 전화회선을 통해 음성, 데이터, 화상 등의 정보를 동시에 주고 받을 수 있는 미래의 통신망
④ 전화 + 데이터 뱅크 + TV 수상기를 이용하여 도형 정보를 제공하는 쌍방향 통신기능을 지닌 회화형 정보통신

18 인터넷의 IP 주소는 숫자로 되어 있다. 이와 같은 IP 주소를 사용자들이 알아보기 쉽도록 문자형태로 나타낸 것은?

① DNS

② FTP

③ Domain Name

④ Gopher

🔊(Point) ① 도메인 네임을 IP 주소로 바꾸어 주거나 또는 그 반대의 작업을 처리해 주는 시스템
② 인터넷상에서 한 컴퓨터에서 다른 컴퓨터로 파일전송을 지원하는 통신규약
④ 디렉토리와 메뉴 방식으로 정보를 쉽게 검색할 수 있게 한 시스템

19 다음 C 프로그램의 출력 값은?

```
#include ⟨stdio.h⟩
int main() {
    int a[] = {1, 2, 4, 8};
    int *p = a;

    p[1] = 3;
    a[1] = 4;
    p[2] = 5;

    printf("%d, %d\n", a[1]+p[1], a[2]+p[2]);

    return 0;
}
```

① 5, 9

② 6, 9

③ 7, 9

④ 8, 10

🔊 **Point**
```
int main()  {
    int a[ ]  =  {1, 2, 4, 8};          // 배열 생성
    int *p  =  a;                        // 인트형 포인터 변수 p에 배열 a의 포인터 배정
    p[1]  =  3;                          // p[1]에 3 배정
    a[1]  =  4;                          // p[1]에 4 배정
    p[2]  =  5;                          // p[2]에 5 배정
    printf("%d, %d\n", a[1]+p[1], a[2]+p[2]);

                                         // 배열 a[0]~[3]까지는 포인터배열 p[0]~p[3]
                                         //   로 접근 가능
                                         // 때문에 배열 a와 포인터배열 p가 참조하는
                                         //   기억공간은 같다.
                                         // a[1]+p[1]은 8이 출력되고 a[2]+p[2]는 10이
                                         //   출력

    return 0;
    }
```

》ANSWER

19.④

20 입력 안내에 따라 두 사람의 나이를 입력받고 그 합을 구하는 C 프로그램을 작성하려고 한다. 프로그램이 정상적으로 동작하도록 다음의 코드 조각을 올바른 순서로 나열한 것은?

> ⊙ scanf("%d%d", &age1, &age2);
>
> ⓛ result = age1 + age2;
>
> ⓒ int age1, age2, result;
>
> ⓔ printf("나이의 합은 %d살입니다. \n", result);
>
> ⓜ printf("철수와 영희의 나이를 입력하세요 :");

① ⓒ→ⓜ→⊙→ⓛ→ⓔ

② ⓒ→⊙→ⓛ→ⓜ→ⓔ

③ ⓜ→⊙→ⓒ→ⓔ→ⓛ

④ ⓒ→⊙→ⓜ→ⓛ→ⓔ

📣 (Point) 우선 프로그램에서 사용할 변수의 선언문이 필요하므로 ⓒ 문장이 맨 처음에 와야 한다(③번 소거). 다음으로 두 사람의 나이를 입력하라는 안내문인 ⓜ 문장이 온 후 입력문 ⊙ 문장이 와야 한다. ⓒ 문장 다음에 ⊙ 문장이 오게 되면 ⓜ 문장이 들어갈 자리가 어색해진다(②, ④번 소거). 이제 age1 과 age2 값을 더하여 변수 result에 저장한 후 result 값을 출력하면 되므로 올바른 문장 순서는 ⓒ -ⓜ-⊙-ⓛ-ⓔ이다.

PART Ⅲ

정보보호론

1 다음 중 전송 또는 보관 중인 정보를 접근 불가자가 부정한 방법으로 그 내용을 알 수 없도록 보호하는 것으로 옳은 것은?

① 가용성(Availability)

② 기밀성(Confidentiality)

③ 무결성(Integrity)

④ 신뢰성(reliability)

　Point 기밀성(Confidentiality)은 전송 또는 보관 중인 정보를 접근 불가자가 부정한 방법으로 그 내용을 알 수 없도록 보호하는 것이다.

2 다음 중 암호 블록 연쇄모드라는 뜻을 가지고 있으며, 암호문 블록을 마치 체인처럼 연결시키는 암호문 모드로 옳은 것은?

① ECB모드

② CTR모드

③ CBC모드

④ CFB모드

　Point CBC(Cipher Block Chaining mode) 모드는 암호문 블록을 마치 체인처럼 연결하는 방식이다.

» ANSWER

1.② 2.③

3 다음 설명으로 옳은 것은?

> 민간 부분인 인터넷, 전자상거래, 금융, 무선통신 등에서 공개 시에 민감한 영향을 미칠
> 수 있는 정보와 개인 프라이버시 등을 보호하기 위하여 개발된 블록 단위로 메시지를 처
> 리하는 대칭 키 블록 암호 알고리즘이다.

① AES

② SEED

③ DES

④ Skipjack

📢(Point) SEED는 민간 부분인 인터넷, 전자상거래, 금융, 무선통신 등에서 공개 시에 민감한 영향을 미칠 수
있는 정보와 개인 프라이버시 등을 보호하기 위하여 개발된 블록 단위로 메시지를 처리하는 대칭키
블록 암호 알고리즘이다.

4 다음 중 개인정보와 낚시의 합성어로 개인정보를 낚는다는 의미로 금융기관 또는 공공
기관을 가장해 전화나 이메일로 인터넷 사이트에서 보안카드 일련번호와 코드번호 일부
또는 전체를 입력하도록 요구해서 금융 정보를 몰래 빼가는 수법으로 옳은 것은?

① 피싱

② 캡차

③ 인증

④ 파밍

📢(Point) 피싱은 개인정보와 낚시의 합성어로 개인정보를 낚는다는 의미로 금융기관 또는 공공기관을 가장해
전화나 이메일로 인터넷 사이트에서 보안카드 일련번호와 코드번호 일부 또는 전체를 입력하도록
요구해서 금융 정보를 몰래 빼가는 수법이다.

>> ANSWER

3.② 4.①

5 다음 중 산업 소프트웨어와 공정 설비를 공격 목표로 하는 극도로 정교한 군사적 수준이 사이버 무기로 자칭되며 공정 설비와 연결된 프로그램이 논리제어장치의 코드를 악의적으로 변경하여 제어권을 획득하는 컴퓨터 바이러스로 옳은 것은?

① 웜

② 트로이 목마

③ 트랩 도어

④ 스턱스넷

> **(Point)** 스턱스넷은 산업 소프트웨어와 공정 설비를 공격 목표로 하는 극도로 정교한 군사적 수준이 사이버 무기로 자칭되며 공정 설비와 연결된 프로그램이 논리 제어장치의 코드를 악의적으로 변경하여 제어권을 획득한 컴퓨터 바이러스이다.

6 다음은 어떤 방화벽 구축 형태에 대한 설명인가?

> 가. 외부 네트워크와 베스천 호스트 사이에 스크린 라우터를 설치하고, 스크린 라우터와 내부 네트워크 사이에 베스천 호스트를 설치한다.
>
> 나. 외부 네트워크에서 내부 네트워크로 들어오는 정보의 경우 스크린 라우터에서 1차로 패킷 필터링을 실시하고 2차로 프락시 서버를 구동하는 베스천 호스트에서 2차로 보안검사(사용자 인증 및 서비스 인증)를 실시하여 허용 여부를 결정한다.

① 스크리닝 라우터

② 베스천 호스트

③ 이중 홈 게이트웨이

④ 스크린된 호스트 게이트웨이

> **(Point)** 스크린된 호스트 게이트웨이는 베스천 호스트와 스크린 라우터를 혼합하여 사용한 방화벽이다. 스크린 라우터는 외부 네트워크와 베스천 호스트 사이에 위치하며, 베스천 호스트는 스크린 라우터와 내부 네트워크 사이에 위치한다.

» ANSWER

5.④ 6.④

7 다음에서 설명하는 재해복구시스템의 복구 방식은?

> 재해복구센터에 주 센터와 동일한 수준의 시스템을 대기상태로 두어, 동기적 또는 비동기적 방식으로 실시간 복제를 통하여 최신의 데이터 상태를 유지하고 있다가, 재해 시 재해복구센터의 시스템을 활성화 상태로 전환하여 복구하는 방식이다.

① 핫 사이트(Hot Site)　　　　　　　② 미러 사이트(Mirror Site)
③ 웜 사이트(Warm Site)　　　　　　④ 콜드 사이트(Cold Site)

Point ① 핫 사이트(Hot Site) : 시스템 재해 복구 방안으로 주요 데이터 및 시스템과 애플리케이션 환경을 실시간으로 원격지에 복제하여 재해 발생 시 최단 시간 내에 데이터 유실 없이 복구할 수 있도록 이중화하는 방식이다. 시스템 환경이 이중화되어 있으므로 상시 시스템 검증이 가능한 이상적인 방식이나, 이중화 설비 투자 및 전용선 유지 비용이 많이 든다.
② 미러 사이트(Mirror Site) : 다른 사이트의 정보를 그대로 복사하여 관리하는 사이트이다.
③ 웜 사이트(Warm Site) : 쿨 사이트와 핫 사이트의 절충 사이트로서 이 사이트들에는 하드웨어가 있고 연결이 이미 확립되어 있지만 원래의 생산 사이트나 핫 사이트보다도 규모가 작은 편이다.
④ 콜드 사이트(Cold Site) : 재해 발생을 대비하여 평상시 주기적으로 주요 데이터를 백업해 보관하거나 소산해 두고 재해 발생 시에 시스템 운용을 재개할 수 있도록 별도의 물리적인 공간과 전원 및 배전 설비, 통신 설비 등을 이용하는 복구 방식이다.

8 IPSec에 대한 설명으로 옳지 않은 것은?

① 네트워크 계층에서 패킷에 대한 보안을 제공하기 위한 프로토콜이다.
② 인터넷을 통해 지점들을 안전하게 연결하는 데 이용될 수 있다.
③ 전송 모드와 터널 모드를 지원한다.
④ AH(Authentication Header)는 인증 부분과 암호화 부분 모두를 포함한다.

Point ④ AH(Authentication Header)란 무결성과 데이터 원본 인증을 제공하며 일련번호를 사용으로 재생 공격으로부터 보호한다.

> ☆ **Plus tip IPSec**
> 안전에 취약한 인터넷에서 안전한 통신을 실현하는 통신규약이다.
> 네트워크 계층인 인터넷 프로토콜에서 보안성을 제공해 주는 표준화된 기술로 데이터 송신자의 인증을 허용하는 인증 헤더(AH)와, 송신자의 인증 및 데이터 암호화를 함께 지원하는 ESP 등 두 종류의 보안 서비스가 있으며, 보안 게이트웨이 간의 보안 터널을 제공하는 터널모드와 종단 호스트 간의 보안 터널을 제공하는 트랜스 포트 모드를 제공한다.

9 국내 정보보호관리체계(ISMS)의 관리 과정 5단계 중 위험 관리 단계의 통제항목에 해당하지 않는 것은?

① 위험 관리 방법 및 계획 수립

② 정보보호 대책 선정 및 이행 계획 수립

③ 정보보호 대책의 효과적 구현

④ 위험 식별 및 평가

🔊 (Point) ③ 정보보호대책 구현 단계에 해당한다.

> **☆ Plus tip ISMS**
> ISMS(Information Security Management System)를 흔히 정보 보안 경영시스템이라고 해석한다. BSI에서는 기업이 민감한 정보를 안전하게 보존하도록 관리할 수 있는 체계적 경영시스템이라고 정의한다.
>
> | 정보보호 정책수립 및 범위설정 | • 정보보호정책의 수립
• 범위설정 |
> |---|---|
> | 경영진 책임 및 조직구성 | • 경영진 참여
• 정보보호, 조직구성 및 자원할당 |
> | 위험관리 | • 위험관리 방법 및 계획수립
• 위험 식별 및 평가
• 정보보호 대책 선정 및 이행계획 수립 |
> | 정보보호대책 구현 | • 정보보호대책의 효과적 구현
• 내부공유 및 교육 |
> | 사후관리 | • 법적요구사항 준수 검토
• 정보보호 관리체계 운영현황관리
• 내부감사 |

》ANSWER

9.③

10 다음 중 해시함수의 설명으로 옳은 것은?

① 입력은 고정길이를 갖고 출력은 가변길이를 갖는다.

② 해시함수(H)는 다대일(n : 1) 대응 함수로 동일한 출력을 갖는 입력이 두 개 이상 존재하기 때문에 충돌(collision)을 피할 수 있다.

③ 해시함수는 일반적으로 키를 사용하지 않는 MAC(Message Authentication Code) 알고리즘을 사용한다.

④ MAC는 데이터의 무결성과 데이터 발신지 인증 기능도 제공한다.

> **(Point)** 해시함수란 하나의 문자열을 보다 빨리 찾을 수 있도록 주소에 직접 접근할 수 있는 짧은 길이의 값이나 키로 변환하는 알고리즘을 수식으로 표현한 것으로 해싱함수(hashing function) h(k)는 어떤 키 k에 대한 테이블 주소(table address)를 계산하기 위한 방법으로 주어진 키 값으로부터 레코드가 저장되어 있는 주소를 산출해 낼 수 있는 수식을 말한다. 문자열을 찾을 때 문자를 하나하나 비교하며 찾는 것보다는 문자열에서 해시 키를 계산하고 그 키에 해당하는 장소에 문자열을 저장해 둔다면, 찾을 때는 한 번의 해시 키 계산만으로도 쉽게 찾을 수 있게 된다.
> ① 입력은 가변길이를 갖고 출력은 고정길이를 갖는다.
> ② 해시함수는 동일한 출력을 갖는 입력이 두 개 이상 존재하기 때문에 충돌이 발생한다.
> ③ MAC 알고리즘은 키를 사용한다.

11 전자화폐(Electronic Cash)에 대한 설명으로 옳지 않은 것은?

① 전자화폐의 지불 과정에서 물품 구입 내용과 사용자 식별 정보가 어느 누구에 의해서도 연계되어서는 안된다.

② 전자화폐는 다른 사람에게 즉시 이전할 수 있어야 한다.

③ 일정한 가치를 가지는 전자화폐는 그 가치만큼 자유롭게 분산이용이 가능해야 한다.

④ 대금 지불 시 전자화폐의 유효성 확인은 은행이 개입하여 즉시 이루어져야 한다.

> **(Point)** 전자화폐(Electronic Cash)
> ㉠ IC 카드 또는 네트워크에 연결된 컴퓨터에 은행예금이나 돈 등이 전자적 방법으로 저장된 것으로 현금을 대체하는 전자 지급 수단으로 휴대가 편하고, 누가 어떤 상점에서 무엇을 샀는지를 제3자가 알 수 없어야 하며, 위조가 어려워야 한다.
> ㉡ 전자화폐는 화폐적 가치가 어떻게 저장되었는가에 따라서 IC 카드형과 네트워크형으로 나뉜다. IC 카드형 전자화폐는 카드에 내장된 IC 칩 중에 전자화폐에 해당되는 전자정보가 저장되어 있다. IC 카드를 가지고 있는 사람은 누구나 가맹점에서 전자화폐로 쇼핑을 할 수 있다.
> ㉢ 네트워크형 전자화폐는 컴퓨터 통신상에서 각종 결재 행위에 사용되는 전자화폐를 말한다. 원거리에 있는 사람에게 이전시키는 것은 간편하지만 IC 카드형 전자화폐와 같이 휴대하고 다니는 것은 불가능하다. 전자화폐는 신용카드를 사용할 때처럼 사전에 승인을 받을 필요가 없고 잔돈을 소지할 필요가 없으며 금액을 필요한 만큼 CD/ATM기 등을 통하여 재충전하여 사용할 수 있으므로 편리하고 신속한 거래가 가능하다.

» ANSWER

10.④ 11.④

12 다음 설명에 해당하는 OECD 개인정보보호 8원칙으로 옳은 것은?

> 개인정보는 이용 목적상 필요한 범위 내에서 개인정보의 정확성, 완전성, 최신성이 확보
> 되어야 한다.

① 이용 제한의 원칙(Use Limitation Principle)
② 정보 정확성의 원칙(Data Quality Principle)
③ 안전성 확보의 원칙(Security Safeguards Principle)
④ 목적 명시의 원칙(Purpose Specification Principle)

📢 (Point) 제시된 내용은 정보 정확성의 원칙에 해당한다.

> ☆ **Plus tip** OECD 개인정보보호 8원칙
> ㉠ 수집 제한의 법칙(Collection Limitation Principle) : 개인정보는 적법하고 공정한 방법을 통해 수집되어야 한다.
> ㉡ 정보 정확성의 원칙(Data Quality Principle) : 이용 목적상 필요한 범위 내에서 개인정보의 정확성, 완전성, 최신성이 확보되어야 한다.
> ㉢ 목적 명시의 원칙(Purpose Specification Principle) : 개인정보는 수집 과정에서 수집 목적을 명시하고, 명시된 목적에 적합하게 이용되어야 한다.
> ㉣ 이용 제한의 원칙(Use Limitation Principle) : 정보 주체의 동의가 있거나, 법 규정이 있는 경우를 제외하고 목적 외 이용되거나 공개될 수 없다.
> ㉤ 안전성 확보의 원칙(Security Safeguard Principle) : 개인정보의 침해, 누설, 도용 등을 방지하기 위한 물리적, 조직적, 기술적 안전 조치를 확보해야 한다.
> ㉥ 공개의 원칙(Openness Principle) : 개인정보의 처리 및 보호를 위한 정책 및 관리자에 대한 정보는 공개되어야 한다.
> ㉦ 개인 참여의 원칙(Individual Participation Principle) : 정보 주체의 개인정보 열람/정정/삭제 청구권은 보장되어야 한다.
> ㉧ 책임의 원칙(Accountability Principle) : 개인정보 관리자에게 원칙 준수 의무 및 책임을 부과해야 한다.

>> ANSWER

12.②

13 가상사설망에서 사용되는 프로토콜이 아닌 것은?

① L2F

② PPTP

③ TFTP

④ L2TP

 Point ③ TFTP(Trivial File Transfer Protocol) : 임의의 시스템이 원격 시스템으로부터 부팅(Booting)코드를 다운로드하는 데 사용되는 프로토콜이다.

① L2F(Layer 2 Forwarding Protocol) : Cisco사에서 제안한 프로토콜이며, IP, ATM, 프레임 릴레이 등의 네트워크를 지원한다.

② PPTP(Point – to Point Tunneling Protocol) : 마이크로소프트사가 어센드사와 함께 설계한 VPN 프로토콜이며, 소프트웨어적으로만 처리한다.

④ L2TP(Layer 2 Tunneling Protocol) : 마이크로소프트사와 Cisco에서 제안한 L2F에 기반을 두고 PPTP와의 호환성을 고려하여 만들어진 터널링 프로토콜의 표준이다.

> ☆ **Plus tip** 가상사설망(VPN)
> 인터넷과 같은 공중망을 이용하여 사설망이 요구하는 서비스를 제공할 수 있도록 구축한 망으로 공중망 내에서 마치 단일 회사만 사용하는 전용선처럼 사용할 수 있는 기술을 말한다.

14 다음에서 설명하는 국제공통평가기준(CC)의 구성요소는?

> • 정보제품이 갖추어야 할 공통적인 보안 요구사항을 모아 놓은 것이다.
> • 구현에 독립적인 보안 요구사항의 집합이다.

① 평가보증등급(EAL)

② 보호프로파일(PP)

③ 보안목표명세서(ST)

④ 평가대상(TOE)

Point 국제공통평가기준(CC)의 구성요소

㉠ 평가보증등급(EAL) : PP, ST의 등급(0~7등급), 보증요구에 관련된 컴포넌트의 집합으로 구성된 패키지의 일종이다.

㉡ 보호프로파일(PP) : 공통 심사 기준, 정보 제품이 갖추어야 할 공통적인 보안 요구사항들을 모아 놓은 것이다.

㉢ 보안목표명세서(ST) : 특정 제품 및 시스템 의존 기능 및 요구를 포함할 수 있다.

㉣ 평가대상(TOE) : 심사 대상 객체가 해당된다.

15 다음 중 데이터베이스 관리자(Database Administrator)가 부여할 수 있는 SQL기반 접근권한 관리 명령어로 옳지 않은 것은?

① REVOKE

② GRANT

③ DENY

④ DROP

(Point) ④ DROP은 데이터베이스 관리 명령어이다.

> ☆ Plus tip SQL 기반 데이터베이스의 권한 관리 명령어
> ㉠ DDL = 정의어(데이터베이스 관리)
> • DDL은 데이터 구조를 정의하는 질의문
> • 데이터베이스를 처음 생성하고 개발할 때 주로 사용하고 운영 중에는 거의 사용하지 않음
> • CREATE : 데이터베이스 객체를 생성한다.
> • DROP : 데이터베이스 객체를 삭제한다.
> ㉡ DML = 조작어(데이터베이스 데이터관리)
> • DML은 데이터베이스의 운영 및 사용과 관련해 가장 많이 사용하는 질의문
> • 데이터의 검색과 수정 등을 처리
> • SELECT : 사용자가 테이블이나 뷰의 내용을 읽고 선택한다.
> • INSERT : 데이터베이스 객체에 데이터를 입력한다.
> • UPDATE : 기존 데이터베이스 객체에 있는 데이터를 수정한다.
> • DELETE : 데이터베이스 객체에 있는 데이터를 삭제한다.
> ㉢ DCL = 제어어(데이터베이스 권한 관리)
> • DCL은 권한 관리를 위한 질의문
> • GRANT : 데이터베이스 객체에 권한을 부여한다.
> • DENY : 사용자에게 해당 권한을 금지한다.
> • REVOKE : 이미 부여된 데이터베이스 객체의 권한을 취소한다.

» ANSWER

15.④

16 다음에 제시된 〈보기 1〉의 사용자 인증방법과 〈보기 2〉의 사용자 인증도구를 바르게 연결한 것은?

〈보기 1〉

㉠ 지식 기반 인증
㉡ 소지 기반 인증
㉢ 생체 기반 인증

〈보기 2〉

A. OTP 토큰
B. 패스워드
C. 홍채

	㉠	㉡	㉢
①	A	B	C
②	A	C	B
③	B	A	C
④	B	C	A

(Point) ㉠ 지식 기반 인증이란 사람의 지식에 따른 내용으로 인증하는 방식으로 사람의 습관에 따라 패스워드를 설정함으로 인해 유추가 쉽고 보안성이 떨어지지만 관리가 편하고 구축이 용이하다는 장점이 있다.

㉡ 소지 기반 인증이란 소지한 별도 매체의 고유정보를 직접 제시하거나 매체에 대한 분실우려가 있으며 대표적으로 OTP토큰, 보안카드, 공인인증서가 있다.

㉢ 생체 기반 인증이란 신체의 특성을 이용한 지문인식, 홍채인식, 망막인식, 손모양, 안면인식 등이 있고 행위특성으로는 음성인식과 서명이 있다.

» ANSWER

16.③

17 컴퓨터 포렌식(forensics)은 정보처리기기를 통하여 이루어지는 각종 행위에 대한 사실관계를 확정하거나 증명하기 위해 행하는 각종 절차와 방법이라고 정의할 수 있다. 다음 중 컴퓨터 포렌식에 대한 설명으로 옳지 않은 것은?

① 컴퓨터 포렌식 중 네트워크 포렌식은 사용자가 웹상의 홈페이지를 방문하여 게시판 등에 글을 올리거나 읽는 것을 파악하고 필요한 증거물을 확보하는 것 등의 인터넷 응용프로토콜을 사용하는 분야에서 증거를 수집하는 포렌식 분야이다.

② 컴퓨터 포렌식은 단순히 과학적인 컴퓨터 수사 방법 및 절차뿐만 아니라 법률, 제도 및 각종 기술 등을 포함하는 종합적인 분야라고 할 수 있다.

③ 컴퓨터 포렌식 처리 절차는 크게 증거 수집, 증거 분석, 증거 제출과 같은 단계들로 이루어진다.

④ 디스크 포렌식은 정보기기의 주·보조기억장치에 저장되어 있는 데이터 중에서 어떤 행위에 대한 증거 자료를 찾아서 분석한 보고서를 제출하는 절차와 방법을 말한다.

🔊(Point) 컴퓨터 포렌식(computer forensics, 컴퓨터 법의학) 또는 디지털 포렌식은 전자적 증거물 등을 사법기관에 제출하기 위해 데이터를 수집, 분석, 보고서를 작성하는 일련의 작업을 말한다.

> ☆ **Plus tip** 포렌식의 유형
> ㉠ 네트워크 포렌식이란 네트워크에서 디지털 증거를 수집하고 분석하여 법정에 제출하는 일련의 과정이다. 인터넷을 통하여 발생하는 범죄에 대한 디지털 증거를 수집하고 분석하는 것이다.
> ㉡ 이메일 포렌식이란 이메일 데이터로부터 송수신자, 보낸·받은 시간, 내용 등의 증거 획득 및 분석이다.
> ㉢ 웹 포렌식이란 웹 브라우저를 통한 쿠키, 히스토리, 임시파일, 설정 정보 등을 통해 사용 흔적 분석이다.
> ㉣ 안티 포렌식이란 데이터의 완전삭제, 암호화, 스테가노그래피이다.
> ㉤ 데이터베이스 포렌식이란 방대한 데이터베이스로부터 유효한 증거 획득 및 분석이다.

≫ **ANSWER**
17.①

18 메시지의 무결성을 검증하는 데 사용되는 해시와 메시지 인증 코드(MAC)의 차이점에 대한 설명으로 옳은 것은?

① MAC는 메시지와 송·수신자만이 공유하는 비밀키를 입력받아 생성되는 반면에, 해시는 비밀키 없이 메시지로부터 만들어진다.

② 해시의 크기는 메시지 크기와 무관하게 일정하지만, MAC는 메시지와 크기가 같아야 한다.

③ 메시지 무결성 검증 시, 해시는 암호화되어 원본 메시지와 함께 수신자에게 전달되는 반면에, MAC의 경우에는 MAC로부터 원본 메시지 복호화가 가능하므로 MAC만 전송하는 것이 일반적이다.

④ 송·수신자만이 공유하는 비밀키가 있는 경우, MAC를 이용하여 메시지 무결성을 검증할 수 있으나 해시를 이용한 메시지 무결성 검증은 불가능하다.

📢 *Point* 메시지 인증코드와 해시함수

㉠ 메시지 인증코드는 임의 길이의 메시지와 송신자 및 수신자가 공유하는 키라는 2개의 입력을 기초로 해서 고정 비트길이의 출력을 계산하는 함수이다. 이 출력을 MAC값이라 부른다.

㉡ 해시함수는 전자서명에 사용된다고 했는데, 이것은 서명자가 특정 문서에 자신의 개인키를 이용하여 연산함으로써 데이터의 무결성과 서명자의 인증성을 함께 제공하는 방식이다. 메시지 전체에 직접 서명하는 것은 공개키 연산을 모든 메시지 블록마다 반복해야 하기 때문에 매우 비효율적이다. 따라서 메시지에 대한 해시값을 계산한 후, 이것에 서명함으로써 매우 효율적으로 전자서명을 생성할 수 있다. 서명자는 메시지 자체가 아니라 해시값에 대해 서명을 하였지만, 같은 해시값을 가지는 다른 메시지를 찾아내는 것이 어렵기 때문에 이 서명은 메시지에 대한 서명이라고 인정된다.

19 개인정보 보호법령상 개인정보 영향평가에 대한 설명으로 옳지 않은 것은?

① 공공기관의 장은 대통령령으로 정하는 기준에 해당하는 개인정보파일의 운용으로 인하여 정보주체의 개인정보 침해가 우려되는 경우에는 위험요인분석과 개선 사항 도출을 위한 평가를 하고, 그 결과를 행정안전부장관에게 제출하여야 한다.

② 개인정보 영향평가의 대상에 해당하는 개인정보파일은 공공기관이 구축·운용 또는 변경하려는 개인정보파일로서 50만 명 이상의 정보주체에 관한 개인정보파일을 말한다.

③ 영향평가를 하는 경우에는 처리하는 개인정보의 수, 개인정보의 제3자 제공 여부, 정보주체의 권리를 해할 가능성 및 그 위험 정도, 그 밖에 대통령령으로 정한 사항을 고려하여야 한다.

④ 행정안전부장관은 제출받은 영향평가 결과에 대하여 보호위원회의 심의·의결을 거쳐 의견을 제시할 수 있다.

📢 (Point) 개인정보 영향평가〈개인정보 보호법 제33조〉

① 공공기관의 장은 대통령령으로 정하는 기준에 해당하는 개인정보파일의 운용으로 인하여 정보주체의 개인정보 침해가 우려되는 경우에는 그 위험요인의 분석과 개선 사항 도출을 위한 평가(이하 "영향평가")를 하고 그 결과를 행정안전부장관에게 제출하여야 한다. 이 경우 공공기관의 장은 영향평가를 행정안전부장관이 지정하는 기관(이하 "평가기관") 중에서 의뢰하여야 한다.

② 영향평가를 하는 경우에는 다음의 사항을 고려하여야 한다.
  1. 처리하는 개인정보의 수
  2. 개인정보의 제3자 제공 여부
  3. 정보주체의 권리를 해할 가능성 및 그 위험 정도
  4. 그 밖에 대통령령으로 정한 사항

③ 행정안전부장관은 제출받은 영향평가 결과에 대하여 보호위원회의 심의·의결을 거쳐 의견을 제시할 수 있다.

④ 공공기관의 장은 영향평가를 한 개인정보파일을 등록할 때에는 영향평가 결과를 함께 첨부하여야 한다.

⑤ 행정안전부장관은 영향평가의 활성화를 위하여 관계 전문가의 육성, 영향평가 기준의 개발·보급 등 필요한 조치를 마련하여야 한다.

⑥ 평가기관의 지정기준 및 지정취소, 평가기준, 영향평가의 방법·절차 등에 관하여 필요한 사항은 대통령령으로 정한다.

⑦ 국회, 법원, 헌법재판소, 중앙선거관리위원회(그 소속 기관을 포함)의 영향평가에 관한 사항은 국회규칙, 대법원규칙, 헌법재판소규칙 및 중앙선거관리위원회규칙으로 정하는 바에 따른다.

⑧ 공공기관 외의 개인정보처리자는 개인정보파일 운용으로 인하여 정보주체의 개인정보 침해가 우려되는 경우에는 영향평가를 하기 위하여 적극 노력하여야 한다.

※ "개인정보파일"이란 개인정보를 쉽게 검색할 수 있도록 일정한 규칙에 따라 체계적으로 배열하거나 구성한 개인정보의 집합물(集合物)을 말한다〈개인정보 보호법 제2조 제4호〉.

» ANSWER
19.②

20 「개인정보 보호법」상 다음 업무를 수행하는 자는?

> 개인정보파일의 보호 및 관리 · 감독하는 임원(임원이 없는 경우에는 개인 정보를 담당하는 부서의 장)을 말한다.

① 수탁자
② 정보통신서비스 제공자
③ 개인정보취급자
④ 개인정보 보호책임자

📢 **Point** 개인정보 보호책임자의 지정〈개인정보 보호법 제31조〉
① 개인정보처리자는 개인정보의 처리에 관한 업무를 총괄해서 책임질 개인정보 보호책임자를 지정하여야 한다.
② 개인정보 보호책임자는 다음의 업무를 수행한다.
　1. 개인정보 보호 계획의 수립 및 시행
　2. 개인정보 처리 실태 및 관행의 정기적인 조사 및 개선
　3. 개인정보 처리와 관련한 불만의 처리 및 피해 구제
　4. 개인정보 유출 및 오용 · 남용 방지를 위한 내부통제시스템의 구축
　5. 개인정보 보호 교육 계획의 수립 및 시행
　6. 개인정보파일의 보호 및 관리 · 감독
　7. 그 밖에 개인정보의 적절한 처리를 위하여 대통령령으로 정한 업무
③ 개인정보 보호책임자는 ② 각 호의 업무를 수행함에 있어서 필요한 경우 개인정보의 처리 현황, 처리 체계 등에 대하여 수시로 조사하거나 관계 당사자로부터 보고를 받을 수 있다.
④ 개인정보 보호책임자는 개인정보 보호와 관련하여 이 법 및 다른 관계 법령의 위반 사실을 알게 된 경우에는 즉시 개선조치를 하여야 하며, 필요하면 소속 기관 또는 단체의 장에게 개선조치를 보고하여야 한다.
⑤ 개인정보처리자는 개인정보 보호책임자가 ② 각 호의 업무를 수행함에 있어서 정당한 이유 없이 불이익을 주거나 받게 하여서는 아니 된다.
⑥ 개인정보 보호책임자의 지정요건, 업무, 자격요건, 그 밖에 필요한 사항은 대통령령으로 정한다.

>> ANSWER
20.④

1 다음 중 능동적 공격 및 수동적 공격기법이 옳게 짝지어진 것을 고르면?

① 수동적 공격 – 재전송

② 능동적 공격 – 메시지 변조

③ 수동적 공격 – 메시지 변조

④ 능동적 공격 – 패킷 분석

Point 수동적 공격의 경우에는 단순 도청, 스캔을 통한 시스템 분석 등이 해당하며, 능동적 공격은 데이터 변조, 변경, 재전송 등이 있다.

2 다음 중 암호 블록 연쇄 모드의 약자로서 각 평문 블록을 이전 암호문 블록과 XOR한 후 암호화 되어 안전성을 높이는 것으로 옳은 것은?

① CTR

② OFB

③ ECB

④ CBC

Point CBC는 암호 블록 연쇄모드의 약자로서 각 평문 블록을 이전 암호문 블록과 XOR한 후 암호화되어 안전성을 높이는 것이다.

» ANSWER

1.② 2.④

3 다음 중 컴퓨터 암호화 기술의 일종으로 요약함수 메시지 다이제스트 함수라고도 하는데 주어진 원문에서 고정된 길이의 의사 난수를 생성하는 연산기법으로 옳은 것은?

① 블록암호
② 스킵잭
③ 커버로스
④ 해시함수

> (Point) 해시함수는 컴퓨터 암호화 기술의 일종으로 요약함수 메시지 다이제스트 함수라고도 하는데 주어진 원문에서 고정된 길이의 의사난수를 생성하는 연산기법이다.

4 다음은 공개키 기반 구조(PKI)에 대한 정의이다. 옳지 않은 것은?

① 네트워크 환경에서 보안 요구사항을 만족시키기 위해 공개키 암호화 인증서 사용을 가능하게 해 주는 기반 구조이다.
② 암호화된 메시지를 송신할 때에는 수신자의 개인키를 사용하며, 암호화된 서명 송신 시에는 송신자의 공개키를 사용한다.
③ 공개키 인증서를 발행하여 기밀성, 무결성, 인증, 부인방지, 접근 제어를 보장한다.
④ 공개키 기반 구조의 구성요소로는 공개키 인증서, 인증기관, 등록기관, 디렉터리(저장소), 사용자 등이 있다.

> (Point) ② 암호화된 메시지를 송신할 때는 수신자의 공개키를 사용하며, 암호화된 서명 송신 시에는 송신자의 개인키를 사용한다.
>
> ※ PKI
> ㉠ PKI의 정의
> • 사용자의 공개키를 인증해주는 인증기관들의 네트워크
> • 모르는 사람과의 비밀 통신을 가능하게 하는 암호학적 키와 인증서의 배달 시스템
> • 공개키의 인증서를 이용해 공개키들을 자동적으로 관리해주는 기반구조
> • 공개키 인증서를 발행하고 그에 대한 접근을 제공하는 인증서 관리 기반구조
> • 이를 통합하여 정리하면 정보시스템 보안, 전자 상거래, 안전한 통신 등의 여러 응용분야에서 인증서(certificate)의 사용을 용이하도록 하는 정책, 수단, 도구 등을 수립하고 제공하는 객체들의 네트워크이다.
> ㉡ PKI가 제공하는 서비스
> • 프라이버시 : 정보의 기밀성을 유지한다.
> • 접근 제어 : 선택된 수신자만이 정보에 접근하도록 허락한다.
> • 무결성 : 정보가 전송중에 변경되지 않았음을 보장한다.
> • 인증 : 정보의 원천지를 보장한다.
> • 부인 봉쇄 : 정보가 송신자에 의해 전송되었음을 보장한다.

>> ANSWER

3.④ 4.②

5 다음 중 버퍼에 입력되는 정보에 대해 한계 체크가 실행되지 않을 경우 데이터의 긴 문자열이 받아들여질 수 있는데, 이로 인해 입력된 데이터가 할당된 메모리 버퍼보다 크다면 데이터는 또 다른 메모리 세그먼트로 흘러넘치게 된다. 이를 통하여 프로그램의 복귀주소를 조작, 궁극적으로 해커가 원하는 코드가 실행하게 하는 공격방법으로 옳은 것은?

① 루트킷

② 스미싱

③ 책임추적성

④ 버퍼 오버플로우

(Point) 버퍼 오버플로우는 버퍼에 입력되는 정보에 대해 한계 체크가 실행되지 않을 경우 데이터의 긴 문자열이 받아들여질 수 있는데, 이로 인해 입력된 데이터가 할당된 메모리 버퍼보다 크다면 데이터는 또 다른 메모리 세그먼트로 흘러넘치게 된다. 이를 통하여 프로그램의 복귀주소를 조작, 궁극적으로 해커가 원하는 코드가 실행하게 하는 공격방법이다.

6 전자서명의 조건에 관한 내용으로 가장 거리가 먼 것을 고르면?

① 서명자의 신원확인이 가능하다.

② 서명된 전자문서는 변경될 수 없다.

③ 어느 누구라도 검증할 수는 없다.

④ 타 전자문서의 서명으로 활용되어서는 안 된다.

(Point) 전자서명의 조건은 다음과 같다.
- 재사용 불가: 전자 문서의 서명은 타 전자 문서의 서명으로 활용이 불가능하다.
- 부인 불가: 서명자는 서명 이후에 해당 서명 부인이 불가능하다.
- 변경 불가: 서명한 전자문서의 내용은 변경이 불가능하다.
- 위조 불가: 합법적 서명자만이 전자 문서에 관한 전자 서명이 가능하다.
- 서명자 인증: 어느 누구든지 전자 서명의 서명자를 검증할 수 있어야 한다.

》 ANSWER

5.④ 6.③

7 정보보안의 기본 개념에 대한 설명으로 옳지 않은 것은?

① Kerckhoff의 원리에 따라 암호 알고리즘은 비공개로 할 필요가 없다.

② 보안의 세 가지 주요 목표에는 기밀성, 무결성, 가용성이 있다.

③ 대칭키 암호 알고리즘은 송수신자 간의 비밀키를 공유하지 않아도 된다.

④ 가용성은 인가된 사용자에게 서비스가 잘 제공되도록 보장하는 것이다.

🔊(Point) 대칭키 암호 알고리즘은 암호화 알고리즘의 한 종류로, 암호화와 복호화에 같은 암호키를 쓰는 알고리즘을 의미한다. 대칭키 암호에서는 암호화를 하는 측과 복호화를 하는 측이 같은 암호키를 공유해야 한다. 많은 암호화 통신에서는 비밀키 암호를 사용하여 대칭키 암호의 공통 키를 공유하고 그 키를 기반으로 실제 통신을 암호화하는 구조를 사용한다.

> ☆ **Plus tip** 정보보안의 3요소
> ㉠ 기밀성 : 비인가된 개인, 단체 등으로부터 정보보호를 한다.
> ㉡ 무결성 : 정보의 저장, 전달시 비인가된 방식으로 정보와 소프트웨어가 변경·파괴·훼손되지 않도록 정확성, 완전성을 보호한다.
> ㉢ 가용성 : 인가된 사용자가 정보나 서비스를 요구할 때 사용하도록 하는 것이다.

8 다음 중 트로이 목마 프로그램의 사용목적으로 옳은 것은?

① 업무편의성 향상

② 비밀통로

③ 지가증식

④ 자료 삭제 및 정보 탈취

🔊(Point) 트로이 목마 프로그램은 자료 삭제 및 정보 탈취 등의 목적으로 사용된다.

9 보안 공격 유형 중 소극적 공격으로 옳은 것은?

① 트래픽 분석(traffic analysis)

② 재전송(replaying)

③ 변조(modification)

④ 신분 위장(masquerading)

📢 **Point** 보안공격

ㄱ 기밀성을 위협하는 공격(소극적 공격)
- 스누핑(Snooping) : 도청(탈취)을 의미
- 트래픽 분석(Traffic Analysis) : 전송의 성향을 추측하는데 도움, 질의와 응답을 수집

ㄴ 무결성을 위협하는 공격(적극적 공격)
- 재전송(replaying) : 시간이 경과한 후에 재전송 함으로써 지연
- 변조(modification) : 법으로 수정하거나, 메시지 전송을 지연, 순서 변경
- 신분 위장(masquerading) : 다른 형태의 적극적 공격과 병행해서 수행

ㄷ 가용성을 위협하는 공격
- 서비스 거부 : 서비스를 느리게 하거나 완전히 차단

※ 소극적 공격, 적극적 공격
ㄱ 소극적 공격 : 시스템에 해를 끼치지 않는다.(기밀성)
ㄴ 적극적 공격 : 방어하기보단 탐지하는 것이 더 쉽다.(무결성, 가용성)

10 위험분석 및 평가방법론 중 성격이 다른 것은?

① 확률 분포법

② 시나리오법

③ 순위결정법

④ 델파이법

📢 **Point** 위험분석 방법론

ㄱ 정량적 분석 방법 : 손실액과 같은 숫자값으로 표현한다.
- 과거자료 분석법 : 과거의 자료를 통한 위험발생 가능성 예측, 과거 데이터 수량에 따른 정확도
- 수학공식 접근법 : 위험발생빈도를 계산하는 식을 이용하여 위험을 계량화
- 확률 분포법 : 미지의 사건을 확률적으로 편차를 이용하여 최저, 보통, 최고 위험평가를 예측

ㄴ 정성적 분석 방법 : 어떠한 위험 상황에 대한 부분을 (매우 높음, 높음, 중간, 낮음 등으로) 표현한다.
- 델파이법 : 전문가 집단의 의견과 판단을 추출, 짧은 시간에 도출, 정확도 낮음
- 시나리오법 : 특정 시나리오를 통하여 발생 가능한 위협의 결과를 우선순위로 도출 정확도 낮음
- 순위결정법 : 비교우위 순위 결정표에 위험 항목들의 서술적 순위를 결정 정확도 낮음

» ANSWER

9.① 10.①

11 현행 우리나라의 정보보호관리체계(ISMS) 인증에 대한 설명으로 옳지 않은 것은?

① 「정보통신망 이용촉진 및 정보보호 등에 관한 법률」에 근거를 두고 있다.

② 인증심사의 종류에는 최초심사, 사후심사, 갱신심사가 있다.

③ 인증에 유효기간은 정해져 있지 않다.

④ 정보통신망의 안정성 · 신뢰성 확보를 위하여 관리적 · 기술적 · 물리적 보호조치를 포함한 종합적 관리체계를 수립 · 운영하고 있는 자에 대하여 인증 기준에 적합한지에 관하여 인증을 부여하는 제도이다.

🔊 **Point** ISMS인증

　ⓐ 인증 유효기간 : 정보보호 관리체계는 인증일로부터 3년간 유효하다. 매년 정보보호관리체계 (ISMS)를 지속적으로 유지하고 있는지에 대한 사후심사와 3년마다 인증유효기간을 연장하기 위한 갱신심사를 받아야 한다.

　ⓑ 인증제도 : 기업(조직)이 각종 위협으로부터 주요 정보자산을 보호하기 위해 수립 · 관리 · 운영하는 종합적인 체계(정보보호 관리체계)의 적합성에 대해 인증을 부여하는 제도이다.

　ⓒ 임증심사의 종류

　　• 최초심사 : 정보보호관리체계 인증 취득을 위한 심사

　　• 사후심사 : 정보보호관리체계를 지속적으로 유지하고 있는지에 대한 심사(연 1회 이상)

　　• 갱신심사 : 유효기간(3년) 만료일 이전에 유효기간의 연장을 목적으로 하는 심사

　※ 인증을 받은 정보보호 관리체계 범위 내에서 중대한 변경이 발생한 경우 최초심사 수행

12 재해복구시스템의 복구 수준별 유형에 대한 설명으로 옳은 것은?

① Warm site는 Mirror site에 비해 전체 데이터 복구 소요 시간이 빠르다.

② Cold site는 Mirror site에 비해 높은 구축 비용이 필요하다.

③ Hot site는 Cold site에 비해 구축 비용이 높고, 데이터의 업데이트가 많은 경우에 적합하다.

④ Mirror site는 Cold site에 비해 구축 비용이 저렴하고, 복구에 긴 시간이 소요된다.

📢 (Point) 재해복구시스템의 복구 수준별 유형

유형	개념	복구소유시간	장점	단점
Mirror Site	• 주 센터와 동일한 수준의 정보기술 자원을 원격지에 구축 • Active 상태로 실시간 동시 서비스 제공	즉시	• 데이터 최신성 • 높은 안정성 • 신속한 업무재개	• 높은 초기투자비용 • 높은 유지보수비용 • 데이터의 업데이트가 많은 경우에는 과부하를 초래하여 부적합
Hot Site (Data Mirroring Site)	• 데이터는 동기적 또는 비 동기적 방식의 실시간 미러링을 통하여 최신상태로 유지 • 일반적으로 실시간 미러링을 사용하는 핫사이트를 미러사이트라 일컫기도 함 • 주센터 재해시 원격지시스템을 Active 상태로 전환하여 서비스 제공	수시간 (4시간 이내)	• 데이터 최신성 • 높은 안정성 • 신속한 업무재개 • 데이터 업데이트가 많은 경우에 적합	• 높은 초기투자비용 • 높은 유지보수비용
Warm Site	• 중요성이 높은 정보기술 자원만 부분적으로 재해복구센터에 보유 • 데이터는 주기적(약 수시간~1일)으로 백업	수일~수주	구축 및 유지비용이 핫사이트에 비해 저렴	• 데이터 다소의 손실 발생 • 초기복구수준이 부분적임 • 복구소유시간이 비교적 오래 걸림
Cold Site	• 데이터만 원격지에 보관하고 이의 서비스를 위한 정보자원은 확보하지 않거나 장소 등 최소한으로만 확보 • 재해시 데이터를 근간으로 필요한 정보자원을 조달하여 정보시스템의 복구 개시 • 주센터의 데이터는 주기적(수일~수주)으로 원격지 백업	수주~수개월	구축 및 유지비용이 가장 저렴	• 데이터의 손실 발생 • 복구에 매우 긴 시간이 소요됨 • 복구 신뢰성이 낮음

» ANSWER

12.③

13 스위칭 환경에서 스니핑(Sniffing)을 수행하기 위한 공격으로 옳지 않은 것은?

① ARP 스푸핑(Spoofing)

② ICMP 리다이렉트(Redirect)

③ 메일 봄(Mail Bomb)

④ 스위치 재밍(Switch Jamming)

📢 (Point) ③ 메일폭탄 공격(Mail Bomb) : 다량의 전자우편을 집중적으로 전송하므로 시스템을 다운시키는 서비스 거부 공격(DoS) 행위이다.

> ☆ **Plus tip** 스위칭 환경에서 스니핑(Sniffing)을 수행하기 위한 공격
>
> ㉠ ARP 스푸핑(Spoofing) : 공격자가 특정 공격대상자를 대상으로 ARP Redirect 공격처럼 ARP 테이블을 조작하여 공격대상자의 패킷을 스니핑하는 공격
>
> ㉡ ICMP 리다이렉트(Redirect) : 라우터나 게이트웨이를 두 개 이상 운영하는 경우 로드 밸런싱을 구현하는데, 로드 밸런싱은 시스템의 라우팅 테이블에 라우팅 엔트리를 하나 더 넣어주거나, ICMP Redirect를 사용하는 방법이 있다.
>
> ㉢ ARP Redirect 공격 : 위조된 Arp reply를 보내는 방법, 공격자가 나의 MAC 주소가 라우터의 MAC 주소라는 위조된 ARP reply를 브로드캐스트로 네트워크에 주기적으로 보내어 스위칭 네트워크상의 모든 호스트들이 공격자 호스트를 라우터라고 믿게 한다.
>
> ㉣ 스위치 재밍(Switch Jamming) : 일반적으로 스위치 장치들은 MAC 주소 테이블이 가득 차게 되면 모든 네트워크 세그먼트로 트래픽을 브로드캐스팅 하는 특성을 가지고 있다.
>
> ㉤ Switch의 SPAN/MONITOR 포트를 이용하는 방법 : 특별한 공격을 수행하지 않고 스위치의 포트 미러링이 가능한 Monitor 포트에 노트북이나 컴퓨터를 접속하여 물리적으로 스니핑을 가능하게 하는 방법이다.

14 ISO 27001의 ISMS(Information Security Management System) 요구사항에 대한 내용으로 옳지 않은 것은?

① 자산 관리 : 정보 보호 관련 사건 및 취약점에 대한 대응

② 보안 정책 : 보안 정책, 지침, 절차의 문서화

③ 인력 자원 보안 : 인력의 고용 전, 고용 중, 고용 만료 후 단계별 보안의 중요성 강조

④ 준거성 : 조직이 준수해야 할 정보 보호의 법적 요소

🔊(Point) ISO 27001 관리 항목 요구사항

- 자산 관리 : 조직의 자산에 대한 적절한 보안책을 유지
- 정보보호정책 : 정보보호관리에 대한 방침과 지원사항을 제공하기 위함
- 정보보호조직 : 조직 내에서 정보보호를 효과적으로 관리, 정보보호에 대한 책임을 설정
- 인력자원보안 : 사람에 의한 보안의 중요성 강조, 고용 전, 고용 중, 고용 만료로 분류
- 물리적 및 환경보안 : 비인가된 접근, 손상과 사업장 및 정보에 대한 영향을 방지
- 통신 및 운영관리 : 정보처리 설비의 정확하고 안전한 운영을 보장
- 접근통제 : 정보에 대한 접근통제
- 정보시스템 구축, 개발 및 유지 : 정보 시스템 내에 보안이 수립되었음을 보장
- 정보보호사고관리 : 정보시스템과 관련된 정보보호사건이나 약점 증에 대해 적절하고 의사소통이 되면서 대응책을 신속히 수립하기 위함
- 사업 연속성 관리 : 사업 활동에 방해요소를 완화시키며, 주요 실패 및 재해의 영향으로부터 주요 사업 활동을 보호
- 적법성 : 조직의 정보보호정책이나 지침 등을 준수

>> ANSWER

14.①

15 다음은 웹사이트와 브라우저에 대한 주요 공격 유형 중 하나이다. 무엇에 대한 설명인가?

> 웹페이지가 웹사이트를 구성하는 방식과 웹사이트가 동작하는 데 필요한 기본과정을 공략하는 공격으로, 브라우저에서 사용자 몰래 요청이 일어나게 강제하는 공격이다. 다른 공격과 달리 특별한 공격 포인트가 없다. 즉, HTTP 트래픽을 변조하지도 않고, 문자나 인코딩 기법을 악의적으로 사용할 필요도 없다.

① 크로스사이트 요청 위조
② 크로스사이트 스크립팅
③ SQL 인젝션
④ 비트플리핑 공격

 (Point) 크로스사이트 요청 위조란 새로운 공격은 아니지만, 간단하고 매우 위협적인 공격이다. 로그인한 피해자의 브라우저가 취약한 웹 애플리케이션에 요청을 보내도록 하여 피해자 대신 선택된 작동을 수행하도록 한다.

16 사용자 인증에 사용되는 기술이 아닌 것은?

① Snort
② OTP(One Time Password)
③ SSO(Single Sign On)
④ 스마트 카드

(Point) ① Snort는 오픈소스이며, 실시간으로 트래픽 분석과 패킷을 기록하는 침입 방지 시스템이다.
② OTP(One Time Password)는 오직 한 번만 사용되는 패스워드이다. 이런 패스워드에는 도청이나 도난이 무의미해진다.
③ SSO(Single Sign On)은 한 번의 시스템 인증을 통하여 접근하고자하는 다양한 정보시스템에 재인증 절차 없이 접근할 수 있도록 하는 통합 로그인 솔루션이다.
④ 스마트 카드는 실질적으로 정보를 처리할 수 있다는 점에서 메모리 카드보다 발전된 기술이다. 마이크로 프로세스, 카드 운영체제, 보안 모듈, 메모리 등으로 구성되어 특정 업무를 처리할 수 있는 능력을 갖추고 있어야 한다.

》 ANSWER
15.① 16.①

17 정보보호 시스템에서 사용된 보안 알고리즘 구현 과정에서 곱셈에 대한 역원이 사용된다. 잉여류 Z26에서 법(modular) 26에 대한 7의 곱셈의 역원으로 옳은 것은?

① 11   ② 13

③ 15   ④ 17

> **Point** (7 * x) mod 26 = 1이 되는 x를 찾는 것이다.
> 보기에서 3번의 경우 7*15=105가 되어, 105 mod 26 = 1이다.

18 안드로이드 보안에 대한 설명으로 옳지 않은 것은?

① 리눅스 운영체제와 유사한 보안 취약점을 갖는다.

② 개방형 운영체제로서의 보안정책을 적용한다.

③ 응용프로그램에 대한 서명은 개발자가 한다.

④ 응용프로그램 간 데이터 통신을 엄격하게 통제한다.

> **Point** 안드로이드는 휴대 전화를 비롯한 휴대용 장치를 위한 운영체제와 미들웨어, 사용자 인터페이스 그리고 표준 응용 프로그램을 포함하고 있는 소프트웨어 스택이자 모바일 운영체제이다. 안드로이드 운영체제의 특징은 어느 스마트폰 제조사든 자사 제품에 적용할 수 있도록 한 '개방형 시스템'이다. 반면에 애플 iOS는 애플 제품에만 적용된다.

19 웹 애플리케이션의 대표적인 보안 위협의 하나인 인젝션 공격에 대한 대비책으로 옳지 않은 것은?

① 보안 프로토콜 및 암호 키 사용 여부 확인

② 매개변수화된 인터페이스를 제공하는 안전한 API 사용

③ 입력 값에 대한 적극적인 유효성 검증

④ 인터프리터에 대한 특수 문자 필터링 처리

> **Point** SQL injection … SQL 인젝션은 웹 상에서 사용자의 입력을 받는 부분에 SQL 쿼리문을 입력하여 DB나 시스템에 영향을 주는 공격 기법으로 사용자 인증을 비정상적 우회, DB데이터 유출 및 조작
> ※ 보안대책
> ㉠ 입력값 필터링 : 특수문자 및 검증, 허용되지 않은 문자열이나 문자 에러 처리
> ㉡ 에러노출방지 : SQL 서버와 DB에서 발생한 오류 내용의 에러 메시지가 반영되지 않도록 설정
> ㉢ 데이터베이스 관리자 권한 제한 : 일반 사용자는 시스템 저장 프로시저에 접근 불가, 애플리케이션의 DB접속 계정은 필요한 테이블에만 권한 부여

20 다음 중 시스템 내부의 트로이목마 프로그램을 감지하기 위한 도구로 가장 적절한 것은?

① Saint
② Snort
③ Nmap
④ Tripwire

📢(Point) ④ Tripwire : 파일 무결성 점검 도구 중 가장 대표적인 도구로서 시스템에 존재하는 파일에 대해 데이터베이스를 만들어 저장한 후 생성된 데이터베이스와 비교하여 추가, 삭제되거나 변조된 파일이 있는지 점검하는 무결성 도구이다.

☆ **Plus tip**

※ 서버 취약점 점검 도구

　㉠ Saint : 유닉스 플랫폼 및 원격에서 취약점 점검

　㉡ Snort : 실시간 트래픽 분석 및 IP 네트워크에서 패킷 처리 담당 침입 방지 시스템

　㉢ Nmap : network mapper의 줄임말로 네트워크 탐색 및 보안감사를 하는 툴로서 대표적으로 포트스캐닝, 특정 호스트의 정보 파악, 필터나 방화벽 알아내기 등 여러 정보를 획득

※ 트로이 목마

　㉠ 정상적인 프로그램으로 위장한 악성코드의 한 종류이다.

　㉡ 말 그대로 정상적인 프로그램으로 위장하여 시작부터 끝까지 램에 상주하며, 시스템 내부 정보를 공격자의 컴퓨터로 빼돌리는 프로그램이다. 이들은 바이러스와 달리 직접 전파 능력이 없으며, 웹하드, P2P, 메일 등의 간접적 전파 경로로 사용자에게 전달된다. 사용자는 트로이 목마가 숨어있는 프로그램을 실행하여 결국 감염되게 된다.

　㉢ 예방방법

　• 불법적인 사이트 방문 자제

　• 바이러스 백신 프로그램 사용

　• 개인 방화벽 시스템 사용

　• 정품 소프트웨어 사용

　• 비정상적인 실행 파일이나 첨부 파일 실행금지 : 메일의 첨부물은 함부로 개봉하지 않음

　• 네트워크 침입탐지 시스템

　• 네트워크 침입방지 시스템

　• 침입 차단 시스템(잘 알려진 트로이목마나 백도어의 포트설정, 시스템 파일의 무결성 점검) : 트로이 목마와 백도어에 의한 불법적인 프로그램의 수정 및 변경사실을 감시하기 위해서는 파일 시스템의 무결성을 점검하는 도구

　• 무결성 점검 시스템 : Tripwire 등과 같은 시스템 무결성 도구를 사용한 시스템 파일의 변경 사실 감지

　• 취약점 점검 도구 : 네트워크 베이스, 호스트 베이스 취약점 점검 도구를 사용한 지속적인 점검을 통한 백도어 및 트로이 목마 사용 및 취약점 점검 실시

》 ANSWER

20.④

1 다음 중 정보보호 관리과정의 5단계 활동으로 옳지 않은 것은?

① 정보보호 정책 수립 및 범위 설정

② 위험관리

③ 사전관리

④ 정보보호 대책의 구현

> (Point) 정보보호 관리과정의 5단계 활동
> ㉠ 정보보호 정책 수립 및 범위 설정
> ㉡ 경영진 책임 및 조직 구성
> ㉢ 위험관리
> ㉣ 정보보호 대책 구현
> ㉤ 사후관리

2 다음에서 설명하는 블록 암호의 운용 모드는?

> • 1씩 증가해가는 카운터를 암호화해서 키 스트림을 만들어 내는 스트림 암호이다.
> • 카운터를 암호화한 비트열과 평문 블록과의 XOR를 취한 결과가 암호문 블록이 된다.

① ECB

② CBC

③ CFB

④ CTR

> (Point) CTR(CounTeR) 모드
> ㉠ 1씩 증가해가는 카운터를 암호화해서 키 스트림을 만들어 내는 스트림 암호이다.
> ㉡ 카운터를 암호화한 비트열과 평문 블록과의 XOR를 취한 결과가 암호문 블록이 된다.

≫ ANSWER

1.③ 2.④

3 다음 설명으로 옳은 것은?

> 고의적으로 사용자 몰래 파괴기능을 프로그램 내에 옮기는 악성프로그램

① 웜
② 트로이 목마
③ 체르노빌
④ 예루살렘

> 🔊(Point) 트로이 목마(Trojan Horse)는 자기 복사능력은 없이 고의적으로 사용자 몰래 파괴기능을 프로그램 내에 옮기는 악성프로그램이다.

4 다음 중 컴퓨터 바이러스 중 웜 바이러스의 특징으로 옳지 않은 것은?

① 일반적인 컴퓨터 바이러스와 다르다.
② 네트워크를 통해 감염 및 실행된다.
③ 자기 자신을 복제하는 프로그램이다.
④ 고의적으로 사용자 몰래 파괴기능을 프로그램 내에 옮기는 악성프로그램이다.

> 🔊(Point) 웜(Worm) 바이러스
> ㉠ 독자적으로 실행되는 프로그램이며 자기 스스로 다른 시스템으로 전파시킬 수 있다는 것이 일반적인 컴퓨터 바이러스와 다른 점이다.
> ㉡ 컴퓨터의 취약점을 이용하여 네트워크를 통해 감염 및 실행된다.
> ㉢ 자기 자신을 복제하는 프로그램이다.

>> ANSWER
3.② 4.④

5 다음 중 각 시스템마다 매번 인증 절차를 밟지 않고 한 번의 로그인 과정으로 기업 내의 각종 업무 시스템이나 인터넷 서비스에 접속할 수 있게 해 주는 보안 응용 솔루션으로 옳은 것은?

① CGI

② SSO

③ OSS

④ Wibro

(Point) SSO는 각 시스템마다 매번 인증 절차를 밟지 않고 한 번의 로그인 과정으로 기업 내의 각종 업무 시스템이나 인터넷 서비스에 접속할 수 있게 해 주는 보안 응용 솔루션이다.

6 블록 암호는 평문을 일정한 단위(블록)로 나누어서 각 단위마다 암호화 과정을 수행하여 암호문을 얻는 방법이다. 블록암호 공격에 대한 설명으로 옳지 않은 것은?

① 선형 공격 : 알고리즘 내부의 비선형 구조를 적당히 선형화시켜 키를 찾아내는 방법이다.

② 전수 공격 : 암호화할 때 일어날 수 있는 모든 가능한 경우에 대해 조사하는 방법으로 경우의 수가 적을 때는 가장 정확한 방법이지만 일반적으로 경우의 수가 많은 경우에는 실현 불가능한 방법이다.

③ 차분 공격 : 두 개의 평문 블록들의 비트 차이에 대응되는 암호문 블록들의 비트 차이를 이용하여 사용된 키를 찾아내는 방법이다.

④ 수학적 분석 : 암호문에 대한 평문이 각 단어의 빈도에 관한 자료를 포함하는 지금까지 모든 통계적인 자료를 이용하여 해독하는 방법이다.

(Point) ④ 통계적 분석에 대한 설명이다.

> ☆ **Plus tip 블록 암호 공격 방법**
> ㉠ 차분 공격 : 1990년 Biham과 Shamir에 의하여 개발된 선택된 평문 공격법으로, 두 개의 평문 블록들의 비트의 차이에 대하여 대응되는 암호문 블록들의 비트의 차이를 이용하여 사용된 암호열쇠를 찾아내는 방법이다.
> ㉡ 선형 공격(Linear Cryptanalysis) : 1993년 Matsui에 의해 개발되어 알려진 평문 공격법으로, 알고리즘 내부의 비선형 구조를 적당히 선형화시켜 열쇠를 찾는 방법이다.
> ㉢ 전수 공격(Exhaustive key search) : 1977년 Diffie와 Hellman이 제안한 방법으로 암호화할 때 일어날 수 있는 모든 가능한 경우에 대하여 조사하는 방법으로 경우의 수가 적을 때는 가장 정확한 방법이지만, 일반적으로 경우의 수가 많은 경우에는 실현 불가능한 방법이다.
> ㉣ 통계적 분석(Statistical analysis) : 암호문에 대한 평문의 각 단어의 빈도에 관한 자료를 포함하는 지금까지 알려진 모든 통계적인 자료를 이용하여 해독하는 방법이다.
> ㉤ 수학적 분석(Mathematical analysis) : 통계적인 방법을 포함하며 수학적 이론을 이용하여 해독하는 방법이다.

» ANSWER

5.② 6.④

7 다음 중 VISA와 Master 카드 사가 중심이 되어서 제안한 온라인 전자상거래 보안 결제를 위한 표준은?

① SSL   ② SET

③ ESP   ④ PKI

Point SET(Secure Electronic Transaction)는 VISA 및 Master 카드 사가 제안한 온라인 전자상거래 결제 표준안으로써, 이는 신용카드를 기반으로 되어 있는 안전한 전자결제 절차이다. 또한, 이중서명을 활용하며 RSA, DES, SHA 알고리즘 등을 활용한다.

8 공개키 기반 구조(PKI : Public Key Infrastructure)의 인증서에 대한 설명으로 옳은 것만을 모두 고른 것은?

> ⊙ 인증기관은 인증서 및 인증서 취소목록 등을 관리한다.
> ⓒ 인증기관이 발행한 인증서는 공개키와 공개키의 소유자를 공식적으로 연결해 준다.
> ⓒ 인증서에는 소유자 정보, 공개키, 개인키, 발행일, 유효기간 등의 정보가 담겨 있다.
> ⓔ 공인인증서는 인증기관의 전자서명 없이 사용자의 전자서명만으로 공개키를 공증한다.

① ⊙, ⓒ

② ⊙, ⓒ

③ ⓒ, ⓒ

④ ⓒ, ⓔ

Point • 공개키 기반 구조(PKI : Public Key Infrastructure) … 공개키 암호방식에서 사용자의 공개키를 안전하고 신뢰성있게 인증하는 수단을 제공하며 사용자 공개키와 사용자 ID를 안전하게 전달하는 방법과 공개키를 신뢰성 있게 관리하기 위한 수단을 제공한다.
• 인증서 … 한 쌍의 공개키/개인키와 특정사람/기관을 연결시켜주는 해당 키가 특정인의 것이라는 것을 보증해 주는 것이다.
• 인증기관(CA) … 인증정책을 수립하고, 인증서 및 인증서 효력정지 및 폐지목록을 관리하며, 다른 CA와 상호인증을 제공한다.
※ 인증기관의 주요 역할
   ⊙ 키 쌍의 작성 : 이용자가 키 쌍을 작성할 때는 PKI의 이용자가 행하는 경우와 인증기관이 행하는 경우 두 가지가 있다.
   ⓒ 인증서 등록
   ⓒ 인증서 폐지

9 ㉠과 ㉡에 들어갈 용어로 옳은 것은?

> (㉠)은(는) 디지털 콘텐츠를 구매할 때 구매자의 정보를 삽입하여 불법 배포 발견 시 최초의 배포자를 추적할 수 있게 하는 기술이다.
>
> (㉡)은(는) 원본의 내용을 왜곡하지 않는 범위 내에서 사용자가 인식하지 못하도록 저작권 정보를 디지털 콘텐츠에 삽입하는 기술이다.

① ㉠ 크래커(Cracker)
　㉡ 커버로스(Kerberos)
② ㉠ 크래커(Cracker)
　㉡ 워터마킹(Watermarking)
③ ㉠ 핑거프린팅(Fingerprinting)
　㉡ 커버로스(Kerberos)
④ ㉠ 핑거프린팅(Fingerprinting)
　㉡ 워터마킹(Watermarking)

(Point) 핑거프린팅(Fingerprinting)과 워터마킹(Watermarking)
㉠ 핑거프린팅은 디지털 콘텐츠를 구매할 때 구매자의 정보를 삽입하여 불법 배포 발견 시 최초의 배포자를 추적할 수 있게 하는 기술이다.
㉡ 워터마킹은 원본의 내용을 왜곡하지 않는 범위 내에서 사용자가 인식하지 못하도록 저작권 정보를 디지털 콘텐츠에 삽입하는 기술이다.
※ 크레커와 커버로스
㉠ 크래커(Cracker) : 네트워크 등을 통해 컴퓨터 시스템에 불법으로 침입하는 자
㉡ 커버로스(Kerberos) : 분산 컴퓨팅 환경에서 대칭키 암호를 이용하여 사용자 인증을 제공하는 중앙 집중형 인증 방식

» ANSWER
9.④

10 공격자가 인터넷을 통해 전송되는 데이터의 TCP Header에서 검출할 수 없는 정보는 무엇인가?

① 수신 시스템이 처리할 수 있는 윈도우 크기

② 패킷을 송신하고 수신하는 프로세스의 포트 번호

③ 수신측에서 앞으로 받고자 하는 바이트의 순서 번호

④ 송신 시스템의 TCP 패킷의 생성 시간

(Point) TCP Header

㉠ 송신측 포트번호(Source port_16 bit) : 송신측의 포트번호를 기록한다.

㉡ 수신측 포트번호(Destination Port_16 bit) : 수신측의 포트번호를 기록한다.

㉢ 시퀀스 번호(Sequence Number_32 bit) : 전체 데이터 중 이 데이터가 몇 번째(몇 바이트째)에 해당하는 지를 기록한다.

㉣ 확인 응답 번호(Acknowledgement Number_32 bit) − 수신측 작성 : 다음에 받을 데이터가 전체 데이터 중 몇 번째 (몇 바이트째) 데이터인지를 기록한다.

㉤ Header Length(4 bit) : 현 segment 내의 데이터의 위치를 나타낸다.

㉥ code bits(flags) (6bit)

• URG : Urgent Pointer가 유효한지 나타낸다. 데이터 중 긴급히 전달해야 할 내용이 있을 경우 사용한다.

• ACK : Acknowledgement. 수신 호스트가 송신 호스트의 시퀀스 넘버에 L4에서의 길이 또는 데이터 양을 더한 것과 같은 Ack를 보낸다. ack number와 응답을 통해 보낸 패킷에 대한 손실을 판단하여 재전송하거나 다음 패킷을 전송한다.

• PSH : Push. Buffer가 채워지는 것을 기다리지 않고 데이터를 전달한다. 데이터는 버퍼링 없이 바로 위 layer가 아닌 L7의 응용 프로그램으로 바로 전달한다.

• RST : Reset. 양방향에서 동시에 일어나는 중단작업이다. 비정상적인 세션 연결 끊기에 해당한다.

• SYN : 세션을 설정하는데 사용되며 초기에 시퀀스 넘버를 보내게 된다. 시퀀스 넘버는 임의적으로 생성하여 보낸다.

• FIN : 세션을 종료시키는데 사용되며, 보낸 사람이 더 이상 보낸 데이터가 없음을 의미한다.

㉦ Window(16 bit) : TCP 세그먼트를 보내는 호스트의 현재 TCP 버퍼 크기를 나타낸다. 16bit field 이기 때문에 윈도우는 65536byte로 제한된다.

㉧ Checksum(16 bit) : 데이터가 무사한지 아닌지를 확인하기 위한 값을 기록한다.

㉨ 긴급 포인트(Urgent Pointer_16 bit) : Urgent data(단말기로부터 break, interrupt 등 긴급히 처리해야 할 데이터를 말함)에 대한 위치를 가리키며, flags의 URG필드가 설정되었을 때 유효하며 URG Flag가 1인 경우 사용한다.

㉩ Option : MSS라고 하는 최대 세그먼트 크기 옵션이다. 헤더를 포함한 세그먼트 최대 크기 등의 옵션과 32bit boundary에서 데이터가 시작될 수 있도록 하기 위한 Padding Field를 제공한다.

» ANSWER

10.④

11 시스템과 관련한 보안기능 중 적절한 권한을 가진 사용자를 식별하기 위한 인증 관리로 옳은 것은?

① 세션 관리

② 로그 관리

③ 취약점 관리

④ 계정 관리

> **Point** 시스템과 관련한 보안기능 6가지
> ㉠ 계정과 패스워드 관리 : 적절한 권한을 가진 사용자를 식별하기 위한 가장 기본적인 인증 수단으로, 시스템에서는 계정과 패스워드 관리가 보안의 시작이다.
> ㉡ 세션 관리 : 사용자와 시스템 또는 두 시스템 간의 활성화된 접속에 대한 관리로서, 일정 시간이 지날 경우 적절히 세션을 종료하고, 비인가자에 의한 세션 가로채기를 통제한다.
> ㉢ 접근 제어 : 시스템이 네트워크 안에서 다른 시스템으로부터 적절히 보호될 수 있도록 네트워크 관점에서 접근을 통제한다.
> ㉣ 권한 관리 : 시스템의 각 사용자가 적절한 권한으로 적절한 정보 자산에 접근할 수 있도록 통제한다.
> ㉤ 로그 관리 : 시스템 내부 혹은 네트워크를 통한 외부에서 시스템에 어떤 영향을 미칠 경우 해당 사항을 기록한다.
> ㉥ 취약점 관리 : 시스템은 계정과 패스워드 관리, 세션 관리, 접근 제어, 권한 관리 등을 충분히 잘 갖추고도 보안적인 문제가 발생할 수 있는데, 이는 시스템 자체의 결함에 의한 것이다. 이 결함을 체계적으로 관리하는 것이 취약점 관리이다.

12 메시지 인증 코드(MAC : Message Authentication Code)를 이용한 메시지 인증 방법에 대한 설명으로 옳지 않은 것은?

① 메시지의 출처를 확신할 수 있다.

② 메시지와 비밀키를 입력받아 메시지 인증 코드를 생성한다.

③ 메시지의 무결성을 증명할 수 있다.

④ 메시지의 복제 여부를 판별할 수 있다.

> **Point** 메시지 인증 코드(MAC : Message Authentication Code)란 메시지에 붙여지는 작은 데이터 블록을 생성하기 위해 비밀키를 이용하는 것으로 전송되는 메시지의 무결성과 인증이 가능하다.

» ANSWER

11.④ 12.④

13 「개인정보의 기술적·관리적 보호조치 기준」상 정보통신서비스 제공자 등이 준수해야 하는 사항으로 옳지 않은 것은?

① 개인정보처리시스템에 주민번호, 계좌번호를 저장할 때 안전한 암호알고리듬으로 암호화한다.

② 개인정보처리시스템에 개인정보취급자의 권한 부여, 변경 또는 말소에 대한 내역을 기록하고, 그 기록을 최소 3년간 보관한다.

③ 개인정보처리시스템에 대한 개인정보취급자의 접속이 필요한 시간 동안만 최대 접속시간 제한 등의 조치를 취한다.

④ 이용자의 비밀번호 작성규칙은 영문, 숫자, 특수문자 중 2종류 이상을 조합하여 최소 10자리 이상 또는 3종류 이상을 조합하여 최소 8자리 이상의 길이로 구성하도록 수립한다.

🔊 **(Point)** ① 정보통신서비스 제공자등은 주민등록번호, 여권번호, 운전면허번호, 외국인등록번호, 신용카드번호, 계좌번호, 바이오정보 등의 정보에 대해서는 안전한 암호알고리듬으로 암호화하여 저장한다〈개인정보의 기술적·관리적 보호조치 기준 제6조 제2항〉.

② 정보통신서비스 제공자 등은 개인정보취급자의 권한 부여, 변경 또는 말소에 대한 내역을 기록하고, 그 기록을 최소 5년간 보관한다〈개인정보의 기술적·관리적 보호조치 기준 제4조 제3항〉.

③ 정보통신서비스 제공자등은 개인정보처리시스템에 대한 개인정보취급자의 접속이 필요한 시간 동안만 최대 접속시간 제한 등의 조치를 취하여야 한다〈개인정보의 기술적·관리적 보호조치 기준 제4조 제10항〉.

④ 정보통신서비스 제공자등은 개인정보취급자를 대상으로 다음의 사항을 포함하는 비밀번호 작성규칙을 수립하고, 이를 적용·운용하여야 한다〈개인정보의 기술적·관리적 보호조치 기준 제4조 제8항〉.

1. 영문, 숫자, 특수문자 중 2종류 이상을 조합하여 최소 10자리 이상 또는 3종류 이상을 조합하여 최소 8자리 이상의 길이로 구성

2. 연속적인 숫자나 생일, 전화번호 등 추측하기 쉬운 개인정보 및 아이디와 비슷한 비밀번호는 사용하지 않는 것을 권고

3. 비밀번호에 유효기간을 설정하여 반기별 1회 이상 변경

》ANSWER

13.②

14 MS 오피스와 같은 응용 프로그램의 문서 파일에 삽입되어 스크립트 형태의 실행 환경을 악용하는 악성 코드는?

① 애드웨어

② 트로이 목마

③ 백도어

④ 매크로 바이러스

> (Point) ① 애드웨어 : 무료로 사용되는 프리웨어나 일정한 금액으로 제품을 구매해야 하는 셰어웨어 등에서 광고 보는 것을 전제로 사용이 허용되는 프로그램이다.
> ② 트로이 목마 : 컴퓨터 사용자의 정보를 빼가는 악성 프로그램이다.
> ③ 백도어 : 시스템 설계자나 관리자에 의해 고의로 남겨진 시스템의 보안 허점으로 응용프로그램이나 운영체제에 삽입된 프로그램 코드이다.

15 전자서명(digital signature)은 내가 받은 메시지를 어떤 사람이 만들었는지를 확인하는 인증을 말한다. 다음 중 전자서명의 특징이 아닌 것은?

① 서명자 인증 : 서명자 이외의 타인이 서명을 위조하기 어려워야 한다.

② 위조 불가 : 서명자 이외의 타인의 서명을 위조하기 어려워야 한다.

③ 부인 불가 : 서명자는 서명 사실을 부인할 수 없어야 한다.

④ 재사용 가능 : 기존의 서명을 추후에 다른 문서에도 재사용할 수 있어야 한다.

> (Point) 전자서명(digital signature)의 5가지 조건
> ㉠ 위조불가 : 합법적인 서명자만이 전자서명을 생성하는 것이 가능해야 한다.
> ㉡ 서명자 인증 : 전자서명의 서명자를 불특정 다수가 검증할 수 있어야 한다.
> ㉢ 부인방지 : 서명자는 서명행위 이후에 서명한 사실을 부인할 수 없어야 한다.
> ㉣ 변경불가 : 서명한 문서의 내용을 변경할 수 없어야 한다.
> ㉤ 재사용 불가 : 전자문서의 서명을 다른 전자문서의 서명으로 사용할 수 없어야 한다.

≫ ANSWER

14.④ 15.④

16 보안 요소에 대한 설명과 용어가 바르게 짝지어진 것은?

> ⊙ 자산의 손실을 초래할 수 있는 원하지 않는 사건의 잠재적인 원인이나 행위자
> ⓒ 원하지 않는 사건이 발생하여 손실 또는 부정적인 영향을 미칠 가능성
> ⓒ 자산의 잠재적인 속성으로서 위협의 이용 대상이 되는 것

	⊙	ⓒ	ⓒ
①	위협	취약점	위험
②	위협	위험	취약점
③	취약점	위험	위험
④	위협	위험	취약점

📢 **Point** 위협 · 위험 · 취약점
⊙ 위협(Threat) : 손실이나 손상의 원인이 될 가능성을 제공하는 환경의 집합이다. 보안에 해를 끼치는 행동이나 사건이다.
ⓒ 위험(Risk) : 예상되는 위협에 의해 자산에 발생할 가능성이 있는 손실의 기대치. 자산의 가치 및 취약점과 위협 요소의 능력, 보호 대책의 효과 등에 의해 영향을 받는다.
ⓒ 취약점(Vulnerability) : 위협의 이용대상으로 관리적, 물리적, 기술적 약점이다.(정보보호 대책 미비)

17 다음 내용에 해당하는 암호블록 운용 모드를 바르게 나열한 것은?

> ㉠ 코드북(codebook)이라 하며, 가장 간단하게 평문을 동일한 크기의 평문블록으로 나누고 키로 암호화하여 암호블록을 생성한다.
> ㉡ 현재의 평문블록과 바로 직전의 암호블록을 XOR한 후 그 결과를 키로 암호화하여 암호블록을 생성한다.
> ㉢ 각 평문블록별로 증가하는 서로 다른 카운터 값을 키로 암호화하고 평문블록과 XOR하여 암호블록을 생성한다.

	㉠	㉡	㉢
①	CBC	ECB	OFB
②	CBC	ECB	CTR
③	ECB	CBC	OFB
④	ECB	CBC	CTR

(Point) 블록 암호 알고리즘 ··· 암호학에서 블록 암호(block cipher)란 기밀성 있는 정보를 정해진 블록 단위로 암호화 하는 대칭키 암호 시스템이다. 만약 암호화하려는 정보가 블록 길이보다 길 경우에는 특정한 운용 모드가 사용된다.(**예**, ECB, CBC, OFB, CFB, CTR)

㉠ ECB(Electronic Codebook, 전자 부호표 모드) : 가장 간단한 모드로 기밀성이 가장 낮으며 평문블록을 암호화 한 것이 그대로 암호문 블록이 된다.

㉡ CBC(Cipher Block Chaining, 암호 블록 연쇄 모드) : 암호문 블록을 마치 체인처럼 연결시키기 때문에 붙여진 이름이다. CBC는 암호화 입력 값이 이전 결과에 의존하기 때문에 병렬화가 불가능하지만, 복호화의 경우 각 블록을 복호화한 다음 이전 암호화 블록과 XOR하여 복구할 수 있기 때문에 병렬화가 가능하다.

㉢ CFB(Cipher Feedback, 암호 피드백 모드) : 암호 피드백(cipher feedback, CFB) 방식은 CBC의 변형으로, 블록 암호를 자기 동기 스트림 암호로 변환한다. CFB의 동작 방식은 CBC와 비슷하며, 특히 CFB 암호 해제 방식은 CBC 암호화의 역순과 거의 비슷하다.

㉣ OFB(Output Feedback, 출력 피드백 모드) : 출력 피드백(output feedback, OFB)은 블록 암호를 동기식 스트림 암호로 변환하며 XOR 명령의 대칭 때문에 암호화와 암호 해제 방식은 완전히 동일하다.

㉤ Counter(CTR, 카운터 모드) : 카운터(Counter, CTR) 방식은 블록 암호를 스트림 암호로 바꾸는 구조를 가진다. 카운터 방식에서는 각 블록마다 현재 블록이 몇 번째인지 값을 얻어, 그 숫자와 nonce를 결합하여 블록 암호의 입력으로 사용한다. 그렇게 각 블록 암호에서 연속적인 난수를 얻은 다음 암호화하려는 문자열과 XOR한다.

≫ ANSWER
17.④

18 「개인정보 보호법 시행령」상 개인정보처리자가 하여야 하는 안전성 확보 조치에 해당하지 않는 것은?

① 개인정보의 안전한 처리를 위한 내부 관리계획의 수립·시행

② 개인정보가 정보주체의 요구를 받아 삭제되더라도 이를 복구 또는 재생할 수 있는 내부 방안 마련

③ 개인정보를 안전하게 저장·전송할 수 있는 암호화 기술의 적용 또는 이에 상응하는 조치

④ 개인정보 침해사고 발생에 대응하기 위한 접속기록의 보관 및 위조·변조 방지를 위한 조치

> (Point) 개인정보의 안전성 확보 조치〈개인정보 보호법 시행령 제30조〉
> ① 개인정보처리자는 다음의 안전성 확보 조치를 하여야 한다.
>   1. 개인정보의 안전한 처리를 위한 내부 관리계획의 수립·시행
>   2. 개인정보에 대한 접근 통제 및 접근 권한의 제한 조치
>   3. 개인정보를 안전하게 저장·전송할 수 있는 암호화 기술의 적용 또는 이에 상응하는 조치
>   4. 개인정보 침해사고 발생에 대응하기 위한 접속기록의 보관 및 위조·변조 방지를 위한 조치
>   5. 개인정보에 대한 보안프로그램의 설치 및 갱신
>   6. 개인정보의 안전한 보관을 위한 보관시설의 마련 또는 잠금장치의 설치 등 물리적 조치
> ② 보호위원회는 개인정보처리자가 안전성 확보 조치를 하도록 시스템을 구축하는 등 필요한 지원을 할 수 있다.
> ③ 안전성 확보 조치에 관한 세부 기준은 보호위원회가 정하여 고시한다.

19 정보보호 서비스에 대한 설명으로 옳지 않은 것은?

① Authentication – 정보교환에 의해 실체의 식별을 확실하게 하거나 임의 정보에 접근할 수 있는 객체의 자격이나 객체의 내용을 검증하는 데 사용한다.

② Confidentiality – 온오프라인 환경에서 인가되지 않은 상대방에게 저장 및 전송되는 중요정보의 노출을 방지한다.

③ Integrity – 네트워크를 통하여 송수신되는 정보의 내용이 불법적으로 생성 또는 변경되거나 삭제되지 않도록 보호한다.

④ Availability – 행위나 이벤트의 발생을 증명하여 나중에 행위나 이벤트를 부인할 수 없도록 한다.

> (Point) 정보보호의 3요소(CIA)
> • 기밀성(Confidentiality) : 온오프라인 환경에서 인가되지 않은 상대방에게 저장 및 전송되는 중요정보의 노출을 방지
> • 무결성(Integrity) : 네트워크를 통하여 송수신되는 정보의 내용이 불법적으로 생성 또는 변경되거나 삭제되지 않도록 보호
> • 가용성(Availability) : 서버, 네트워크 등의 정보 시스템이 장애 없이 정상적으로 요청된 서비스를 수행할 수 있는 능력

≫ ANSWER

18.② 19.④

20 「개인정보 보호법」상 주민등록번호 처리에 대한 설명으로 옳지 않은 것은?

① 주민등록번호를 목적 외의 용도로 이용하거나 이를 제3자에게 제공하지 아니하면 다른 법률에서 정하는 소관 업무를 수행할 수 없는 경우, 개인인 개인정보처리자는 개인정보 보호위원회의 심의·의결을 거쳐 목적 외의 용도로 이용하거나 이를 제3자에게 제공할 수 있다.

② 보호위원회는 개인정보처리자가 처리하는 주민등록번호가 유출된 경우에는 5억 원 이하의 과징금을 부과·징수할 수 있으나, 주민등록번호가 유출되지 아니하도록 개인정보처리자가 「개인정보 보호법」에 따른 안전성 확보에 필요한 조치를 다한 경우에는 그러하지 아니하다.

③ 개인정보처리자는 정보주체가 인터넷 홈페이지를 통하여 회원으로 가입하는 단계에서는 주민등록번호를 사용하지 아니하고도 회원으로 가입할 수 있는 방법을 제공하여야 한다.

④ 개인정보처리자는 주민등록번호가 분실·도난·유출·변조 또는 훼손되지 아니하도록 암호화 조치를 통하여 안전하게 보관하여야 한다.

🔊 Point ② 보호위원회는 개인정보처리자가 처리하는 주민등록번호가 분실·도난·유출·위조·변조 또는 훼손된 경우에는 5억 원 이하의 과징금을 부과·징수할 수 있다. 다만, 주민등록번호가 분실·도난·유출·위조·변조 또는 훼손되지 아니하도록 개인정보처리자가 안전성 확보에 필요한 조치를 다한 경우에는 그러하지 아니하다〈개인정보 보호법 제34조의2 제1항〉.

④ 개인정보처리자는 주민등록번호가 분실·도난·유출·위조·변조 또는 훼손되지 아니하도록 암호화 조치를 통하여 안전하게 보관하여야 한다. 이 경우 암호화 적용 대상 및 대상별 적용 시기 등에 관하여 필요한 사항은 개인정보의 처리 규모와 유출 시 영향 등을 고려하여 대통령령으로 정한다〈개인정보 보호법 제24조의2 제2항〉.

③ 개인정보처리자는 주민등록번호를 처리하는 경우에도 정보주체가 인터넷 홈페이지를 통하여 회원으로 가입하는 단계에서는 주민등록번호를 사용하지 아니하고도 회원으로 가입할 수 있는 방법을 제공하여야 한다〈개인정보 보호법 제24조의2 제3항〉.

※ 제18조(개인정보의 목적 외 이용·제공 제한) ① 개인정보처리자는 개인정보를 제15조제1항 및 제39조의3제1항 및 제2항에 따른 범위를 초과하여 이용하거나 제17조제1항 및 제3항에 따른 범위를 초과하여 제3자에게 제공하여서는 아니 된다. 〈개정 2020. 2. 4.〉

〈개인정보 보호법 제18조 제2항〉

개인정보처리자는 다음의 어느 하나에 해당하는 경우에는 정보주체 또는 제3자의 이익을 부당하게 침해할 우려가 있을 때를 제외하고는 개인정보를 목적 외의 용도로 이용하거나 이를 제3자에게 제공할 수 있다. 다만, 이용자(「정보통신망 이용촉진 및 정보보호 등에 관한 법률」에 해당하는 자)의 개인정보를 처리하는 정보통신서비스 제공자(「정보통신망 이용촉진 및 정보보호 등에 관한 법률」에 해당하는 자)의 경우 제1호·제2호의 경우로 한정하고, 제5호부터 제9호까지의 경우는 공공기관의 경우로 한정한다.

1. 정보주체로부터 별도의 동의를 받은 경우
2. 다른 법률에 특별한 규정이 있는 경우
3. 정보주체 또는 그 법정대리인이 의사표시를 할 수 없는 상태에 있거나 주소불명 등으로 사전 동의를 받을 수 없는 경우로서 명백히 정보주체 또는 제3자의 급박한 생명, 신체, 재산의 이익을 위하여 필요하다고 인정되는 경우
4. 삭제
5. 개인정보를 목적 외의 용도로 이용하거나 이를 제3자에게 제공하지 아니하면 다른 법률에서 정하는 소관 업무를 수행할 수 없는 경우로서 보호위원회의 심의·의결을 거친 경우
6. 조약, 그 밖의 국제협정의 이행을 위하여 외국정부 또는 국제기구에 제공하기 위하여 필요한 경우
7. 범죄의 수사와 공소의 제기 및 유지를 위하여 필요한 경우
8. 법원의 재판업무 수행을 위하여 필요한 경우
9. 형(刑) 및 감호, 보호처분의 집행을 위하여 필요한 경우

» ANSWER

20.①

1 다음은 무엇에 대한 설명인가?

> 조직의 정보자산에 대한 위험을 수용할 수 있는 수준으로 유지하기 위하여 정보자산에 대한 위험을 분석하고 이러한 위험으로부터 정보자산을 보호하기 위해 비용대비 효과적인 보호대책을 마련하는 일련의 과정이다.

① 부인 방지
② 위험 관리
③ 접근 제어
④ 신분 증명

(Point) 위험 관리는 위험 요소의 발견에서부터 위험 요소의 최소화 및 제거를 위한 모든 관리체계를 의미한다.

2 소인수분해 문제의 어려움에 기반을 두고 고안된 공개키 암호 알고리즘은?

① DES
② ARIA
③ ECC
④ RSA

(Point) RSA 알고리즘은 소인수분해 문제의 어려움에 기반을 두고 고안된 공개키 암호 알고리즘이다. RSA 암호의 아이디어는 중요 정보를 두 개의 소수(素數)로 표현한 후, 두 소수(素數)의 곱을 힌트와 함께 전송해 암호로 사용하는 것이다.

>> ANSWER
1.② 2.④

3 다음 중 로봇 프로그램과 사람을 구분하는 방법의 하나로 사람이 인식할 수 있는 문자나 그림을 활용하여 자동회원 가입 및 게시글 포스팅을 방지하는데 사용하는 방법으로 옳은 것은?

① 인증

② 캡차

③ 정보보안

④ 피싱

> **Point** 캡차는 로봇 프로그램과 사람을 구분하는 방법의 하나로 사람이 인식할 수 있는 문자나 그림을 활용하여 자동회원 가입 및 게시글 포스팅을 방지하는데 사용하는 방법이다.

4 다음 설명으로 옳은 것은?

> 데이터 패킷을 범람시켜 시스템의 성능을 저하시키는 악성 바이러스이다.

① 트로이 목마

② 분산서비스 거부 공격(DDoS)

③ 체르노빌 바이러스

④ 웜 바이러스

> **Point** 분산서비스 거부 공격(DDoS)은 데이터 패킷을 범람시켜 시스템의 성능을 저하시키는 공격 방법이다.

5 (개) ~ (대)에서 설명하는 접근 제어 모델로 옳은 것은?

> (개) 무결성의 3가지 목표인 비인가자들의 데이터 변형 방지, 내·외부의 일관성 유지, 합법적인 사람에 의한 불법적인 수정 방지를 모두 만족하는 접근 제어 모델이다.
>
> (내) 첫 번째로 제시된 수학적 보안 모델이며, 군대의 보안 레벨과 같이 그 정보의 기밀성에 따라 상하 관계가 구분된 정보를 보호하기 위해 사용되는 접근제어 모델이다.
>
> (대) 데이터 무결성에 초점을 둔 상업용 모델로, 낮은 등급의 데이터를 읽을 수 없고, 높은 등급의 데이터에 쓸 수 없는 접근 제어 모델이다.

	(개)	(내)	(대)
①	비바 모델	클락 윌슨 모델	벨 라파듈라 모델
②	벨 라파듈라 모델	비바 모델	클락 윌슨 모델
③	클락 윌슨 모델	비바 모델	벨 라파듈라 모델
④	클락 윌슨 모델	벨 라파듈라 모델	비바 모델

Point ㉠ 벨 라파듈라 모델(BLP, Bell–LaPadula Confidentiality Model)
- 첫 번째로 제시된 수학적 보안 모델
- 미 육군에서 근무하던 벨–라파듈라가 1960년대 메인 프레임을 사용하는 환경에서 정보 유출 발생을 어떻게 차단할 수 있을까라는 고민에서 고안해낸 MAC(강제적 접근 제어) 모델이다.
- 군대의 보안 레벨과 같이 그 정보의 기밀성에 따라 상하 관계가 구분된 정보를 보호하기 위해 사용
- 기밀성 유지에 중점이 있다.
- 높은 등급의 데이터를 읽을 수 없고, 낮은 등급의 데이터에 쓸 수 없다.

㉡ 비바 모델
- 1977년 비바가 개발한 데이터 무결성을 위한 모델
- 무결성의 3가지 목표 중에서 비인가자들의 데이터 변형 방지만 해결한 모델
- 낮은 등급의 데이터를 읽을 수 없고, 높은 등급의 데이터에 쓸 수 없다.

㉢ 클락–윌슨(Clack–Wilson) 모델 : 1987년 무결성 중심의 상업적 모델로 개발되었으며 무결성의 3가지 목표를 모두 만족하는 접근 제어 모델이다. 무결성의 3가지 목표는 비인가자들의 데이터 변형 방지, 내·외부의 일관성을 유지하는 것, 합법적인 사람에 의한 불법적인 수정을 방지하는 것이다.

» ANSWER

5.④

6 다음 중 암호화와 복호화키로 구성된 공개키를 이용하여 송수신 데이터를 암호화하고 디지털 인증서를 통해 사용자를 인증하는 시스템으로 옳은 것은?

① DES

② AES

③ PKI

④ SSL

> 📢 (Point) PKI는 암호화와 복호화키로 구성된 공개키를 이용하여 송수신 데이터를 암호화하고 디지털 인증서를 통해 사용자를 인증하는 시스템이다.

7 침입탐지시스템(IDS)의 탐지 기법 중 하나인 비정상행위(anomaly) 탐지 기법의 설명으로 옳지 않은 것은?

① 이전에 알려지지 않은 방식의 공격도 탐지가 가능하다.

② 통계적 분석 방법, 예측 가능한 패턴 생성 방법, 신경망 모델을 이용하는 방법 등이 있다.

③ 새로운 공격 유형이 발견될 때마다 지속적으로 해당 시그니처(signature)를 갱신해 주어야 한다.

④ 정상행위를 가려내기 위한 명확한 기준을 설정하기 어렵다.

> 📢 (Point) 비정상행위(anomaly) 탐지 기법 … Behavior나 Statistical Detection이라고 불리기도 하며, 정상적인 시스템 사용을 기준으로 이에 어긋나는 행위를 탐지하는 방식이다. 시스템 가동 전에 정상적인 사용자의 로그인 횟수, CPU 사용량, 디스크 읽기/쓰기 횟수 등의 통계적 기준선을 설정한 뒤 IDS에게 기준선을 초과하는 비정상 행위를 탐지하게 한다. 탐지 과정에서 기존의 기준선을 수정하거나 새로 갱신할 수 있다. 비정상 행위 탐지는 알려지지 않은 침입도 감지할 수 있는 장점이 있다. 그러나 감사 자료만 가지고 침입을 판단하기에는 무리가 있으며 시간의 범위나 횟수를 설정하는 것도 어렵다.

8 OWASP(The Open Web Application Security Project)에서 발표한 2013년도 10대 웹 애플리케이션 보안 위험 중 발생 빈도가 높은 상위 3개에 속하지 않는 것은?

① Injection

② Cross—Site Scripting

③ Unvalidated Redirects and Forwards

④ Broken Authentication and Session Management

 Point ③ Unvalidated Redirects and Forwards(검증되지 않은 리다이렉트, 포워드)는 2013년 발표한 OWASP의 10위이다.

※ 10대 웹 애플리케이션 보안 위험

1. Injection : SQL 삽입, 명령어 삽입, LDAP 삽입과 같은 취약점이 포함되며, 주요 원인은 신뢰할 수 없는 외부 값에 의해 발생되며, 명령어 실행 또는 접근이 불가한 데이터에 대한 접근 등의 취약점을 발생시킨다.

2. 인증 및 세션 관리 취약점(Broken Authentication and Session Management) : 인증과 세션 관리와 관련된 애플리케이션의 비정상적인 동작으로 인해 패스워드, 키, 세션 토큰 및 사용자 도용과 같은 취약점을 발생시킨다.

3. 크로스 사이트 스크립트(XSS) : 신뢰할 수 없는 외부 값을 적절한 검증 없이 웹 브라우저로 전송하는 경우 발생되는 취약점으로 사용자 세션을 가로채거나, 홈페이지 변조, 악의적인 사이트 이동 등의 공격을 수행할 수 있다.

4. 취약한 직접 개체 참조(Insecure Direct Object References) : 파일, 디렉터리, 데이터베이스 키와 같은 내부적으로 처리되는 오브젝트가 노출되는 경우, 다운로드 취약점 등을 이용하여 시스템 파일에 접근하는 경우 등을 의미한다.

5. 보안 설정 오류(Security Misconfiguration) : 애플리케이션, 프레임워크, 애플리케이션 서버, 데이터베이스 서버 플랫폼 등에 보안설정을 적절하게 설정하고, 최적화된 값으로 유지하며, 또한 소프트웨어는 최신의 업데이트 상태로 유지하여야 한다.

6. 민감데이터 노출(Sensitive Data Exposure) : 대다수의 웹 애플리케이션은 카드번호 등과 같은 개인정보를 적절하게 보호하고 있지 않기 때문에, 개인정보 유출과 같은 취약점이 발생되고 있다. 이를 보완하기 위해서는 데이터 저장 시 암호화 및 데이터 전송 시에도 SSL 등을 이용해야 한다.

7. 기능 수준의 접근통제 누락(Missing Function Level Access Control) : 가상적으로는 UI에서 보여 지는 특정 기능을 수행 전, 기능접근제한 권한을 검증해야 하나, 애플리케이션은 각 기능에 대한 접근 시 동일한 접근통제검사 수행이 요구된다. 만일 적절하게 수행되지 않는 경우 공격자는 비 인가된 기능에 접근하기 위해, 정상적인 요청을 변조할 수 있다.

8. 크로스 사이트 요청 변조(CSRF) : 로그온 된 피해자의 웹 브라우저를 통해, 세션 쿠키 및 기타 다른 인증정보가 포함된 변조된 HTTP 요청을 전송시켜 정상적인 전송적인 요청처럼 보이게 하는 기법으로 물품구매, 사이트 글 변조 등의 악의적인 행동을 하는 취약점을 의미한다.

9. 알려지지 않은 취약점이 있는 컴포넌트 사용(Using Components with Known vulnerabilities) : 슈퍼 유저 권한으로 운영되는 취약한 라이브러리, 프레임워크 및 기타 다른 소프트웨어 모듈로 인해 데이터 유실 및 서버 권한 획득과 같은 취약성이 존재한다.

10. 검증되지 않은 리다이렉트 및 포워드(Unvalidated Redirects and Forwards) : 마치 안전할 듯한 것처럼 위장된 사이트로 리다이렉트를 하여 사용자가 공격자가 원하는 사이트로 접속하도록 하는 공격하는 취약점을 말하는 것이다.

» ANSWER

8.③

9 응용 계층 프로토콜에서 동작하는 서비스에 대한 설명으로 옳지 않은 것은?

① FTP : 파일전송 서비스를 제공한다.

② DNS : 도메인 이름과 IP 주소 간 변환 서비스를 제공한다.

③ POP3 : 메일 서버로 전송된 메일을 확인하는 서비스를 제공한다.

④ SNMP : 메일전송 서비스를 제공한다.

> 📢 **Point** ④ 간이망 관리 프로토콜(Simple Network Management Protocol, SNMP)은 IP 네트워크상의 장치로부터 정보를 수집 및 관리하며, 또한 정보를 수정하여 장치의 동작을 변경하는 데에 사용되는 인터넷 표준 프로토콜이다.

10 무선랜을 보호하기 위한 기술이 아닌 것은?

① WiFi Protected Access Enterprise

② WiFi Rogue Access Points

③ WiFi Protected Access

④ Wired Equivalent Privacy

> 📢 **Point** ① WiFi Protected Access Enterprise : 와이파이 보호접속(Wi-Fi Protected Access)이라고도 한다. WPA는 개인 사용자용 PSK와 기업 사용자용 Enterprise 모드가 있다.
> ② WiFi Rogue Access Points : WiFi의 악의적 액세스 포인트를 말한다. 관리자가 악의적인 목적으로 액세스 포인트에 권한을 부여하지 않거나 공격자가 추가한 악의적인 액세스 포인트이다.
> ③ WPA(Wi-Fi Protected Access) : 무선 랜 보안 표준의 히나. WEP(Wired Equivalent Privacy) 키 암호화를 보완하는 TKIP(Temporal Key Integrity Protocol)라는 IEEE 802.11i 표준을 기반으로 하고 있으며, 인증 부문에서도 802.1x 및 EAP(Extensible Authentiction Protocol)를 도입해 성능을 높인 것이다.
> ④ WEP(Wired Equivalent Privacy) : 유선 랜(LAN)에서 기대할 수 있는 것과 같은 보안과 프라이버시 수준의 무선 랜(WLAN)의 보안 프로토콜이다.

11 아래의 지문은 신문에서 발췌한 기사이다. 빈칸에 들어갈 단어로 적절한 것은?

> 취업준비생 김다정(28)씨는 지난 5월 7일 [   ] 공격으로 취업을 위해 모아뒀던 학습
> 및 준비 자료가 모두 암호화돼 버렸다.
> 컴퓨터 화면에는 암호를 알려주는 대가로 100달러(약 11만 5000원)를 요구하는 문구가
> 떴지만, 결제해도 데이터를 되찾을 수 없다는 지인의 조언에 데이터복구 업체를 통해 일
> 부 자료만 복구해 보기로 했다. 그런데 업체를 통해 데이터 일부를 복구한지 하루 만인
> 지난 10일 또 다시 [   ] 공격을 받아 컴퓨터가 먹통이 돼 버렸다.

① 하트블리드(Heart bleed)
② 랜섬웨어(Ransomware)
③ 백오리피스(Back Orifice)
④ 스턱스넷(Stuxnet)

📢 **Point** ② 랜섬웨어(Ransomware) : 악성코드(malware)의 일종으로, 인터넷 사용자의 컴퓨터에 잠입해 내부
문서나 스프레드시트, 그림파일 등을 암호화해 열지 못하도록 만든 후 돈을 보내주면 해독용 열
쇠 프로그램을 전송해 준다며 금품을 요구하는 악성 프로그램이다. ransom(몸값)과 ware(제품)
의 합성어로 컴퓨터 사용자의 문서를 '인질'로 잡고 돈을 요구한다고 해서 붙여진 명칭이다.

① 하트블리드(Heart bleed) : 전 세계 웹사이트 가운데 3분의 2 정도가 사용하는 오픈 SSL(open
secure socket Layer : 인터넷상에서 문자, 문서 등을 송수신할 때 이를 암호화해 주는 기술)에
서 발견된 치명적인 결함을 말한다. 오픈 SSL의 통신신호 하트비트(heartbeat)에서 발견되어 하
트블리드라고 부르는데, 이는 '치명적 심장출혈'을 의미한다.

③ 백오리피스(Back Orifice) : 일명 '트로이목마' 프로그램을 이용해 사용자 정보를 빼내는 해킹 프로
그램. 지난 1999년 3월 인공위성센터에서 발생한 우리별 3호 해킹 사건의 주역이며, PC방의 사
이버 증권거래 등에 악용되는 사례도 급증하고 있다. 백오리피스는 윈도 운영체계(OS) 환경의
PC에 저장된 중요정보를 빼내거나 파괴, 변조 등을 가능하게 한다.

④ 스턱스넷(Stuxnet) : 스턱스넷 기법이란 발전소, 공항, 철도 등 여러 기관의 시설을 파괴할 목적으
로 만들어진 일종의 컴퓨터 바이러스이다. 2010년 6월경 벨라루스에서 처음으로 발견되었으며
USB 저장장치나 MP3 플레이어를 회사 등 기관들의 컴퓨터에 연결할 때 침투하는 기법을 사용
하고 있다.

» ANSWER

11.②

12 「정보통신기반 보호법」상 주요정보통신기반시설의 보호체계에 대한 설명으로 옳지 않은 것은?

① 주요정보통신기반시설 관리기관의 장은 정기적으로 소관 주요정보통신시설의 취약점을 분석·평가하여야 한다.

② 중앙행정기관의 장은 소관분야의 정보통신기반시설을 필요한 경우 주요정보통신기반시설로 지정할 수 있다.

③ 지방자치단체의 장이 관리·감독하는 기관의 정보통신기반시설은 지방자치단체의 장이 주요정보통신기반시설로 지정한다.

④ 과학기술정보통신부장관과 국가정보원장등은 특정한 정보통신기반시설을 주요정보통신기반시설로 지정할 필요가 있다고 판단하면 중앙행정기관의 장에게 해당 정보통신기반시설을 주요정보통신기반 시설로 지정하도록 권고할 수 있다.

📢 **(Point)** 주요정보통신기반시설의 지정 등〈정보통신기반 보호법 제8조〉

① 중앙행정기관의 장은 소관분야의 정보통신기반시설중 다음의 사항을 고려하여 전자적 침해행위로부터의 보호가 필요하다고 인정되는 정보통신기반시설을 주요정보통신기반시설로 지정할 수 있다.
  1. 해당 정보통신기반시설을 관리하는 기관이 수행하는 업무의 국가사회적 중요성
  2. 1.에 따른 기관이 수행하는 업무의 정보통신기반시설에 대한 의존도
  3. 다른 정보통신기반시설과의 상호연계성
  4. 침해사고가 발생할 경우 국가안전보장과 경제사회에 미치는 피해규모 및 범위
  5. 침해사고의 발생가능성 또는 그 복구의 용이성

② 중앙행정기관의 장은 지정 여부를 결정하기 위하여 필요한 자료의 제출을 해당 관리기관에 요구할 수 있다.

③ 관계중앙행정기관의 장은 관리기관이 해당 업무를 폐지·정지 또는 변경하는 경우에는 직권 또는 해당 관리기관의 신청에 의하여 주요정보통신기반시설의 지정을 취소할 수 있다.

④ 지방자치단체의 장이 관리·감독하는 기관의 정보통신기반시설에 대하여는 행정안전부장관이 지방자치단체의 장과 협의하여 주요정보통신기반시설로 지정하거니 그 지정을 취소할 수 있다

⑤ 중앙행정기관의 장이 지정 또는 지정 취소를 하고자 하는 경우에는 위원회의 심의를 받아야 한다. 이 경우 위원회는 지정 또는 지정취소의 대상이 되는 관리기관의 장을 위원회에 출석하게 하여 그 의견을 들을 수 있다.

⑥ 중앙행정기관의 장은 주요정보통신기반시설을 지정 또는 지정 취소한 때에는 이를 고시하여야 한다. 다만, 국가안전보장을 위하여 필요한 경우에는 위원회의 심의를 받아 이를 고시하지 아니할 수 있다.

⑦ 주요정보통신기반시설의 지정 및 지정취소 등에 관하여 필요한 사항은 이를 대통령령으로 정한다.

>> ANSWER

12.③

13 위험 분석에 대한 설명으로 옳지 않은 것은?

① 자산의 식별된 위험을 처리하는 방안으로는 위험 수용, 위험 회피, 위험 전가 등이 있다.

② 자산의 가치 평가를 위해 자산구입비용, 자산유지보수비용 등을 고려할 수 있다.

③ 자산의 적절한 보호를 위해 소유자와 책임소재를 지정함으로써 자산의 책임추적성을 보장받을 수 있다.

④ 자산의 가치 평가 범위에 데이터베이스, 계약서, 시스템 유지보수 인력 등은 제외된다.

> **(Point)** 위험 평가를 위한 요소
> ㉠ 자산(Asset) : 조직이 보호해야 할 대상으로 정보, 하드웨어, 소프트웨어, 시설 등을 말하며 인력 및 기업 이미지 등 무형 자산도 포함된다.
> ㉡ 취약점(Vulnerability) : 정보시스템이나 조직의 결함으로 위협의 원인이 되는 관리적, 물리적, 기술적 약점이다.
> ㉢ 위협(Threat) : 정보시스템이나 조직에 해를 끼치는 사건 및 행동으로, 가로채기, 가로막음, 변조 및 위조 등이 있다.
> ㉣ 위험(Risk) : 비정상적인 일이 발생할 수 있는 가능성을 말하며, '자산 × 위협 × 취약점'으로 표현된다.

14 데이터베이스 보안의 요구사항이 아닌 것은?

① 데이터 무결성 보장

② 기밀 데이터 관리 및 보호

③ 추론 보장

④ 사용자 인증

> **(Point)** 데이터베이스 시스템 요구사항
> ㉠ 부적절한 접근방지 : 승인된 사용자의 접근요청을 DBMS에 의해 검사
> ㉡ 추론방지 : 일반적 데이터로부터 비밀정보를 획득하는 추론이 불가능함
> ㉢ 데이터베이스의 무결성 보장 : 데이터베이스의 일관성 유지를 위하여 모든 트랜잭션은 원자적이어야 하고, 복구시스템은 로그파일을 이용하여 데이터에 수행된 작업, 트랜잭션 제어, 레코드 수정 전 후 값 등을 기록해야 함
> ㉣ 데이터의 운영적 무결성 보장 : 트랜잭션의 병행처리 동안에 데이터베이스 내의 데이터에 대한 논리적인 일관성을 보장함
> ㉤ 데이터의 의미적 무결성 보장 : 데이터베이스는 데이터에 대한 허용값을 통제함으로써 변경 데이터의 논리적 일관성을 보장함
> ㉥ 감사기능 : 데이터베이스에 대한 모든 접근의 감사기록을 생성해야 함
> ㉦ 사용자 인증 : DBMS는 운영체제의 사용자 인증보다 엄격한 인증 요구함

» ANSWER
13.④ 14.③

15 다음 〈보기〉에서 설명하는 것은 무엇인가?

> 〈보기〉
>
> IP 데이터그램에서 제공하는 선택적 인증과 무결성, 기밀성 그리고 재전송 공격 방지 기능을 한다. 터널 종단 간에 협상된 키와 암호화 알고리즘으로 데이터그램을 암호화한다.

① AH(Authentication Header)
② ESP(Encapsulation Security Payload)
③ MAC(Message Authentication Code)
④ ISAKMP(Internet Security Association & Key Management Protocol)

 (Point) ② ESP(Encapsulation Security Payload) : 모든 패킷이 암호화 되고, 변조방지(무결성) 및 인증을 위해 해시코드가 첨부된다. 거꾸로 이 패킷을 수신하는 장비는 모든 패킷의 해시코드를 검사하고 패킷을 복호화 한다. IP헤더의 프로토콜 번호는 50이다.
① AH(Authentication Header) : 암호화 기능은 없으며 변조방지(무결성) 및 인증을 위한 해시코드만 첨부된다.
③ MAC(Message Authentication Code) : 메시지의 인증을 위해 메시지에 부가되어 전송되는 작은 크기의 정보로 비밀키를 사용함으로써 데이터 인증과 무결성을 보장할 수 있다.
④ ISAKMP(Interonet Security Association & Key Management Protocol) : 인터넷 환경에서 안전하게 SA 및 세션 키를 관리(생성, 협상, 삭제) 할 수 있는 프로토콜을 말한다. ISAKMP 프로토콜은 SA를 생성, 수정, 삭제하기 위한 절차 및 패킷 구조를 정의하고 있으며 상당히 범용적인 프로토콜로 설계되었다.

>> ANSWER

15.②

16 공개키 암호 알고리즘에 대한 설명으로 옳은 것은?

① Diffie-Hellman 키 교환 방식은 중간자(man-in-the-middle) 공격에 강하고 실용적이다.

② RSA 암호 알고리즘은 적절한 시간 내에 인수가 큰 정수의 소인수분해가 어렵다는 점을 이용한 것이다.

③ 타원곡선 암호 알고리즘은 타원곡선 대수문제에 기초를 두고 있으며, RSA 알고리즘과 동일한 안전성을 제공하기 위해서 더 긴 길이의 키를 필요로 한다.

④ ElGamal 암호 알고리즘은 많은 큰 수들의 집합에서 선택된 수들의 합을 구하는 것은 쉽지만, 주어진 합으로부터 선택된 수들의 집합을 찾기 어렵다는 점을 이용한 것이다.

🔈Point ① Diffie-Hellman 키 교환 방식은 인증단계가 없기 때문에 중간자(man-in-the-middle) 공격에 취약하다.

③ 타원곡선 암호 알고리즘은 타원곡선 대수문제에 기초를 두고 있으며, RSA 알고리즘과 동일한 안전성을 제공하기 위해서 더 짧은 길이의 키를 필요로 한다.

④ ElGamal 암호 알고리즘은 이산대수 문제에 근거한다. 많은 큰 수들의 집합에서 선택된 수들의 합을 구하는 것은 쉽지만, 주어진 합으로부터 선택된 수들의 집합을 찾기 어렵다는 점을 이용하는 것은 배낭 문제에 대한 설명이다.

> ☆Plus tip RSA 암호 알고리즘
> ⊙ RSA는 공개키 암호시스템의 하나로, 암호화뿐만 아니라 전자서명이 가능한 최초의 알고리즘으로 알려져 있다.
> ⓛ RSA가 갖는 전자서명 기능은 인증을 요구하는 전자 상거래 등에 RSA의 광범위한 활용을 가능하게 하였다.
> ⓒ 1978년 로널드 라이베스트(Ron Rivest), 아디 샤미르(Adi Shamir), 레너드 애들먼(Leonard Adleman)의 연구에 의해 체계화되었으며, RSA라는 이름은 이들 3명의 이름 앞글자를 딴 것이며 RSA 암호체계의 안정성은 큰 숫자를 소인수 분해하는 것이 어렵다는 것에 기반을 두고 있다.

» ANSWER
16.②

17 스택 버퍼 오버플로우 공격의 수행 절차를 순서대로 바르게 나열한 것은?

> ㉠ 특정 함수의 호출이 완료되면 조작된 반환 주소인 공격 쉘 코드의 주소가 반환된다.
> ㉡ 루트 권한으로 실행되는 프로그램 상에서 특정 함수의 스택 버퍼를 오버플로우시켜서 공격 쉘 코드가 저장되어 있는 버퍼의 주소로 반환 주소를 변경한다.
> ㉢ 공격 쉘 코드를 버퍼에 저장한다.
> ㉣ 공격 쉘 코드가 실행되어 루트 권한을 획득하게 된다.

① ㉠→㉡→㉢→㉣
② ㉠→㉢→㉡→㉣
③ ㉢→㉡→㉠→㉣
④ ㉢→㉠→㉡→㉣

(Point) 스택 버퍼 오버플로우 공격 수행 절차
㉠ 공격 쉘 코드를 버퍼에 저장한다.
㉡ 루트 권한으로 실행되는 프로그램 상에서 특정 함수의 스택 버퍼를 오버플로우시켜서 공격 쉘 코드가 저장 되어 있는 버퍼의 주소로 반환 주소를 변경한다.
㉢ 특정 함수의 호출이 완료되면 조작된 반환 주소인 공격 쉘 코드의 주소가 반환된다.
㉣ 공격 쉘 코드가 실행되어 루트 권한을 획득하게 된다.

> ☆ Plus tip 스택 버퍼 오버플로우 공격
> 입력 값을 확인하지 않는 입력 함수에 정상적인 크기보다 큰 입력값을 입력하여 ret 값을 덮어 씌움으로써 임의의 코드를 실행하는 것을 말한다.

>> ANSWER
17.③

18 패스워드가 갖는 취약점에 대한 대응방안으로 적절치 않은 것은?

① 사용자 특성을 포함시켜 패스워드 분실을 최소화한다.

② 서로 다른 장비들에 유사한 패스워드를 적용하는 것을 금지한다.

③ 패스워드 파일의 불법적인 접근을 방지한다.

④ 오염된 패스워드는 빠른 시간 내에 발견하고 새로운 패스워드를 발급한다.

(Point) 패스워드는 주 컴퓨터의 운영체제(OS) 또는 데이터베이스관리시스템(DBMS)에 의하여 관리되며, 일반적으로 7문자 이상의 영문자와 숫자의 조합으로 구성되어 지정된다. 패스워드가 타인에게 알려지면 서비스가 불법으로 이용되거나 데이터가 파괴될 우려가 있으므로 주의해서 관리해야 하며, 타인이 쉽게 생각할 수 있는 것을 피해 의미 없는 문자의 조합으로 지정하고 수시로 변경할 필요가 있다. 미국 국립 컴퓨터보안 센터(NCSC)에서 제시하는 패스워드 결정 및 관리에 관한 지침에는 ㉠ 이름이나 전화번호, 생년월일, 지명 등 사용자를 쉽게 식별할 수 있는 패스워드를 지정하지 말 것, ㉡ 고도의 보안이 요구되는 패스워드는 자주 변경할 것, ㉢ 사용자가 자기의 컴퓨터 단말로부터 이탈할 때는 반드시 로그아웃할 것 등을 규정하고 있다.

19 블록체인에 대한 설명으로 옳지 않은 것은?

① 금융 분야에만 국한되지 않고 분산원장으로 각 분야에 응용할 수 있다.

② 블록체인의 한 블록에는 앞의 블록에 대한 정보가 포함되어 있다.

③ 앞 블록의 내용을 변경하면 뒤에 이어지는 블록은 변경할 필요가 없다.

④ 하나의 블록은 트랜잭션의 집합과 헤더(header)로 이루어져 있다.

(Point) 블록체인(Block Chain)

• 블록체인은 거래 내용이 담긴 블록(Block)을 사슬처럼 연결(chain)한 것이라 하여 붙여진 이름으로 네트워크에 참여하는 모든 사용자가 관리 대상이 되는 모든 데이터를 분산하여 저장하는 데이터 분산처리기술.

• 거래 정보가 담긴 원장을 거래 주체나 특정 기관에서 보유하는 것이 아니라 네트워크 참여자 모두가 나누어 가지는 기술이라는 점에서 '분산원장기술(DLC ; distributed ledger technology)' 또는 '공공거래장부'라고도 한다.

• 거래할 때마다 거래 정보가 담긴 블록이 생성되어 계속 연결되면서 모든 참여자의 컴퓨터에 분산 저장되는데, 이를 해킹하여 임의로 변경하거나 위조 또는 변조하려면 전체 참여자의 1/2 이상의 거래 정보를 동시에 수정하여야 하기 때문에 사실상 불가능하다. 따라서 접근을 차단함으로써 거래 정보를 보호·관리하는 기존의 금융 시스템과는 전혀 다른 모든 거래 정보를 모두 열람할 수 있도록 공개한 상태에서 은행 같은 공신력 있는 제3자의 보증 없이 당사자 간에 안전하게 블록체인에서는 거래가 이루어진다.

» ANSWER

18.① 19.③

20 정보통신 관계 법률의 목적에 대한 설명으로 옳지 않은 것은?

① 「정보통신기반 보호법」은 전자적 침해행위에 대비하여 주요정보통신기반시설의 보호에 관한 대책을 수립·시행함으로써 동 시설을 안정적으로 운영하도록 하여 국가의 안전과 국민생활의 안정을 보장하는 것을 목적으로 한다.

② 「전자서명법」은 전자문서의 안전성과 신뢰성을 확보하고 그 이용을 활성화하기 위하여 전자서명에 관한 기본적인 사항을 정함으로써 국가와 사회의 정보화를 촉진하고 국민생활의 편익을 증진함을 목적으로 한다.

③ 「통신비밀보호법」은 통신 및 대화의 비밀과 자유에 대한 제한은 그 대상을 한정하고 엄격한 법적절차를 거치도록 함으로써 통신비밀을 보호하고 통신의 자유를 신장함을 목적으로 한다.

④ 「정보통신산업 진흥법」은 정보통신망의 이용을 촉진하고 정보통신서비스를 이용하는 자의 개인정보를 보호함과 아울러 정보통신망을 건전하고 안전하게 이용할 수 있는 환경을 조성하여 국민생활의 향상과 공공복리의 증진에 이바지함을 목적으로 한다.

📢 **Point** ① 전자적 침해행위에 대비하여 주요정보통신기반시설의 보호에 관한 대책을 수립·시행함으로써 동 시설을 안정적으로 운용하도록 하여 국가의 안전과 국민생활의 안정을 보장하는 것을 목적으로 한다.

② 전자문서의 안전성과 신뢰성을 확보하고 그 이용을 활성화하기 위하여 전자서명에 관한 기본적인 사항을 정함으로써 국가와 사회의 정보화를 촉진하고 국민생활의 편익을 증진함을 목적으로 한다.

③ 통신 및 대화의 비밀과 자유에 대한 제한은 그 대상을 한정하고 엄격한 법적 절차를 거치도록 함으로써 통신비밀을 보호하고 통신의 자유를 신장함을 목적으로 한다.

④ 정보통신산업의 진흥을 위한 기반을 조성함으로써 정보통신산업의 경쟁력을 강화하고 국민경제의 발전에 이바지함을 목적으로 한다.

>> ANSWER

20.④

1 정보통신망 등의 침해사고에 대응하기 위해 기업이나 기관의 업무 관할 지역 내에서 침해사고의 접수 및 처리 지원을 비롯해 예방, 피해 복구 등의 임무를 수행하는 조직은?

① CISO

② CERT

③ CPPG

④ CPO

(Point) ① 정보보호 최고 책임자(CISO) : 기업에서 정보보안을 위한 기술적 대책과 법률 대응까지 총괄 책임을 지는 최고 임원.

③ 개인정보 관리사(CPPG) : 개인정보 보호정책과 대처 방법론에 대한 지식이나 능력을 갖춘 사람.

④ 개인정보보호 책임자(CPO) : 개인정보를 안전하게 보호 관리하기 위해 개인정보 처리 업무를 총괄해서 관리하는 최고 책임자.

2 전자화폐 및 가상화폐에 대한 설명으로 옳지 않은 것은?

① 전자화폐는 전자적 매체에 화폐의 가치를 저장한 후 물품 및 서비스 구매 시 활용하는 결제 수단이며, 가상화폐는 전자화폐의 일종으로 볼 수 있다.

② 전자화폐는 발행, 사용, 교환 등의 절차에 관하여 법률에서 규정하고 있으나, 가상화폐는 별도로 규정하고 있지 않다.

③ 가상화폐인 비트코인은 분산원장기술로 알려진 블록체인을 이용한다.

④ 가상화폐인 비트코인은 전자화폐와 마찬가지로 이중 지불(Double Spending)문제가 발생하지 않는다.

(Point) 이중 지불(double spending) … 만일 악의를 가진 사람이 동시에 각각 다른 유저에게 암호화폐(비트코인, 이더리움 등)를 사용할 경우 이를 '이중 지불'이라 한다. 이중 지불의 문제를 해결하는 것이 암호화폐의 핵심 기능이라 할 수 있다. 비트코인 채굴과 블록체인은 이중지불을 방지하는 데 그 목적이 있으며, 이로써 네트워크가 어떤 비트코인 거래들이 유효한 것인지를 확인하고 합의할 수 있다.

>> ANSWER

1.② 2.④

3 다음 설명으로 옳은 것은?

> 프로그램 작성자가 일반적으로 보호되고 있는 시스템에 들어가기 위한 통로를 의미하는 말로 원래는 관리자가 외부에서도 시스템을 점검할 수 있도록 만들어 두었으나 해킹에 취약한 부분이 될 수도 있다.

① 게이트웨이
② 크래커
③ 방화벽
④ 백도어

🔊 **Point** 백도어는 프로그램 작성자가 일반적으로 보호되고 있는 시스템에 들어가기 위한 통로를 의미하는 말로 원래는 관리자가 외부에서도 시스템을 점검할 수 있도록 만들어 두었으나 해킹에 취약한 부분이 될 수도 있다.

4 다음에서 설명하는 스니퍼 탐지 방법에 이용되는 것은 무엇인가?

> 가. 가짜 ID와 패스워드를 네트워크에 뿌려 이 ID와 패스워드를 이용하여 접속을 시도하는 공격자 시스템을 탐지한다.
> 나. 스니핑 공격을 하는 공격자의 주요 목적은 ID와 패스워드의 획득에 있다. 따라서 보안 관리자는 이 점을 이용해 가짜 ID와 패스워드를 네트워크에 계속 뿌리고 공격자가 이 ID와 패스워드를 이용하여 접속을 시도할 때 스니퍼를 탐지한다.

① ping
② ARP watch
③ DNS
④ decoy

🔊 **Point** 스니핑이란 송신자와 수신자가 주고받는 데이터를 중간에서 도청하는 것을 말한다. 스니퍼를 탐지하는 방법으로는 ping, ARP, ARP watch, DNS, decoy를 이용하는 방법이 있다. decoy는 가짜 ID와 패스워드를 네트워크에 계속 뿌리고 공격자가 이 ID와 패스워드를 이용하여 접속을 시도할 때 스니퍼를 탐지한다.

5 아래의 네트워크 방화벽 구축 형태에 대해 바르게 설명한 것을 모두 고른 것은?

> 인터넷 – 패킷 라우터 – 베스천 호스트 – 내부 네트워크

> ㉠ 2단계 방어로 안전성이 향상된다.
> ㉡ 가장 많이 활용되며, 융통성이 좋다.
> ㉢ 정보 지향적인 공격방어가 가능하다.
> ㉣ 구축비용이 많이 든다.
> ㉤ 로그인 정보의 유출 시에 내부 네트워크로의 침입이 가능하다.

① ㉠, ㉡, ㉣
② ㉠, ㉢, ㉣
③ ㉡, ㉢, ㉣
④ ㉢, ㉣, ㉤

Point 방화벽의 구성 방식 중에서 스크린 호스트 게이트웨이(Screened host gateway) 방법에 관한 내용이다. 스크리닝 라우터 및 베스터 호스트의 2단계 방어를 활용함으로써 보안성은 향상되지만 구축비용이 많이 든다. 동시에 가장 일반적으로 사용하는 방식이기도 한다.

6 다음 중 콘텐츠의 지적재산권이 디지털 방식에 의해 안전하게 보호, 유지되도록 콘텐츠 장착에서부터 소비에 이르는 모든 과정에서 거래 및 분배 규칙, 사용규칙이 적법하게 성취되도록 하는 기술로 옳은 것은?

① CDMA
② DRM
③ DDoS
④ IPSEC

Point DRM은 콘텐츠의 지적재산권이 디지털 방식에 의해서 안전하게 보호, 유지되도록 콘텐츠 장착에서부터 소비에 이르는 모든 과정에서 거래 및 분배 규칙, 사용규칙이 적법하게 성취되도록 하는 기술이다.

>> ANSWER
5.① 6.②

7 서비스 거부 공격 방법이 아닌 것은?

① ARP spoofing
② Smurf
③ SYN flooding
④ UDP flooding

🔊 (Point) ARP Spoofing … 로컬 상(LAN 구간)에서 사용자와 게이트웨이 통신 간에 ARP 테이블의 cache 정보를 속이고 끼어들어 도청하는 것을 말한다. 보통 사용자와 게이트웨이나 외부로 통신을 적어도 한번이라도 하면 ARP 테이블에 IP 주소와 MAC 주소값이 매핑되어 등록이 된다. 이 등록되어 있는 정보를 IP는 게이트웨이 주소로 남겨두고 MAC 주소를 자신의 MAC 주소로 슬쩍 바꿔치기한다.

> 💡 **Plus tip**
> ※ 서비스 거부 공격 … 공격대상의 시스템을 공격하여 공격대상 서버의 정상적인 서비스 제공을 방해하거나 시스템 자원을 부족하게 하여 차단하는 공격유형이다.
> ※ 서비스 거부 공격의 종류
> ㉠ Smurf : 출발지 주소가 공격 대상으로 바꾸어진 ICMP Request 패킷을 시스템이 충분히 많은 네트워크로 브로드캐스트 한다. ICMP Request 패킷을 받은 시스템들이 공격 대상에게 ICMP Reply를 보내게 하여 공격대상을 과부하 상태로 만든다.
> ㉡ SYN Flooding : TCP의 연결과정인 3방향 핸드셰이킹의 문제점을 악용한 공격방법이다.

8 전자우편의 보안 강화를 위한 S/MIME(Secure/Multipurpose Internet Mail Extension)에 대한 설명으로 옳은 것은?

① 메시지 다이제스트를 수신자의 공개키로 암호화하여 서명한다.
② 메시지를 대칭키로 암호화하고 이 대칭키를 발신자의 개인키로 암호화한 후 암호화된 메시지와 함께 보냄으로써 전자우편의 기밀성을 보장한다.
③ S/MIME를 이용하면 메시지가 항상 암호화되기 때문에 S/MIME 처리 능력이 없는 수신자는 전자우편 내용을 볼 수 없다.
④ 국제 표준 X.509 형식의 공개키 인증서를 사용한다.

🔊 (Point) S/MIME(Secure/Multipurpose Internet Mail Extensions)은 MIME 데이터를 안전하게 송수신하는 방법을 제공한다. 인터넷의 MIME 표준에 의거하여 S/MIME은 전자 메시지에 있어서 인증, 메시지 무결성, 송신처의 부인방지(전자서명 이용), 프라이버시와 데이터 보안(암호 이용)과 같은 암호학적 보안 서비스를 제공한다. S/MIME은 기존의 우편 서비스의 사용자 에이전트(MUA, Mail User Agent)에 송신하는 메시지에 암호 서비스를 부가시키고 수신 받은 메시지의 암호 서비스를 해석하는 데 이용된다. 그러나, S/MIME은 전자우편에만 한정되어 있지는 않다. HTTP와 같은 MIME 데이터를 전달하는 전송 메커니즘에도 사용된다. 따라서, S/MIME은 MIME의 객체 기반적인 특징을 이용하며 여러 가지 전송 시스템 내의 메시지의 교환을 제공한다.

>> ANSWER

7.① 8.④

9 윈도우 운영체제에서의 레지스트리(Registry)에 대한 설명으로 가장 옳은 것은?

① 레지스트리 변화를 분석함으로써 악성코드를 탐지할 수 있다.

② 레지스트리는 운영체제가 관리하므로 사용자가 직접 조작할 수 없다.

③ 레지스트리 편집기를 열었을 때 보이는 다섯 개의 키를 하이브(Hive)라고 부른다.

④ HKEY_CURRENT_CONFIG는 시스템에 로그인하고 있는 사용자와 관련된 시스템 정보를 저장한다.

> **Point** 레지스트리(Registry) … 윈도우 운영체제에서 가장 핵심적인 역할을 담당하고 있으며 시스템의 모든 설정 데이터를 모아두는 중앙 저장소로서 레지스트리에는 윈도우가 작동되는 구성값과 설정 그리고 프로그램과 관련된 모든 정보가 저장되어 있다. 따라서 윈도우의 부팅과정에서부터 로그인, 응용프로그램의 실행에 이르기까지 윈도우에서 행해지는 모든 작업이 레지스트리에 기록된 정보를 바탕으로 진행된다.
> • 레지스트리의 루트키
>   – HKEY_CLASSES_ROOT
>   시스템에 등록된 파일 확장자와 그 파일의 어플리케이션 정보에 대해 제공
>   – HKEY_CURRENT_USER
>   HKEY_USERS의 항목중에서 현재 로그인한 사용자의 항목에 대한 단축경로
>   – HKEY_LOCAL_MACHINE
>   하드웨어와 소프트웨어의 정보를 저장
>   – HKEY_USERS
>   시스템에 있는 모든 사용자 정보와 그룹에 관한 정보
>   – HKEY_CURRENT_CONFIG
>   부팅시 사용되는 소프트웨어와 하드웨어 정보
> • 레지스트리 구성
>   – 이름 : 레지스트리값의 이름
>   – 종류(데이터 유형) : 레지스트리 키에 값을 저장하기 위해 사용하는 데이터 형식
>   – 데이터(내용) : 레지스트리 값의 실질적인 내용. 레지스트리 값의 종류에 따라 값의 내용이 정해짐
>   – 기본값 : 모든 레지스트리 키가 하나씩 가지고 있는 기본 요소. 응용프로그램은 레지스트리 키에서(기본값)을 통해 다른 값에 접근할 수 있기 때문에 이름이 정해져 있든 없든 기본값을 지워서는 안된다.

>> ANSWER

9.①

10 인증기관이 사용자의 공개키에 대한 인증을 수행하기 위해 X.509 형식의 인증서를 생성할 때 서명에 사용하는 키는?

① 인증기관의 공개키

② 인증기관의 개인키

③ 사용자의 개인키

④ 인증기관과 사용자 간의 세션키

Point 인증기관의 인증

㉠ 인증기관(CA : Certificate Authority) : 지정된 신뢰기관으로 사용자의 공개키에 전자서명을 수행하여 인증서를 발급하는 기관

㉡ 인증서 전자 서명 생성
- 메시지(공개키)를 지정된 해시 알고리즘으로 암호화 → 메시지 다이제스트(Message Digest) 생성
- 생성된 메시지 다이제스트를 인증기관(CA)의 개인키로 암호화 → 전자 서명

㉢ 공개키(public key) : 지정된 인증기관에 의해 제공되는 키 값으로서 이 공개키로부터 개인키와 함께 결합되어 메시지 및 전자서명의 암호화와 복원에 효과적으로 사용
- 공개키와 개인키를 결합하는 방식은 비대칭 암호작성법이라 한다.
- 공개키를 사용하는 시스템을 공개키 기반구조(PKI)라고 한다.

㉣ 개인키(private or secret key) : 암호 작성 및 해독기법에서, 개인키란 암호/복호를 위해 비밀 메시지를 교환하는 당사자만이 알고 있는 키

㉤ x.509 : 공개키 인증서와 인증 알고리즘의 표준 가운데에서 공개키 기반(pki)의 ITU-T 표준이다.

11 무선랜의 보안 대응책으로 옳지 않은 것은?

① AP에 접근이 가능한 기기의 MAC 주소를 등록하고, 등록된 기기의 MAC 주소만 AP 접속을 허용한다.

② AP에 기본 계정의 패스워드를 재설정한다.

③ AP에 대한 DHCP를 활성화하여 AP 검색 시 SSID가 검색되도록 설정한다.

④ 802.1x와 RADIUS 서버를 이용해 무선 사용자를 인증한다.

🔊 (Point) 무선랜의 보안 대응책

㉠ 무선랜은 AP 보호를 위해서는 전파가 건물 내부로 한정되도록 전파 출력을 조정하고 창이나 외부에 접한 벽이 아닌 건물 안쪽 중심부, 특히 쉽게 눈에 띄지 않는 곳에 설치 하는 것이 좋다. 또한 AP 관리 계정의 패스워드를 반드시 재설정하고, AP의 DHCP를 정지, AP의 접속 MAC 주소 필터링, SSID와 WEP 설정, 802.1X와 RADIUS 서버를 이용해 인증을 수행하는 것이 좋다.

㉡ 무선 네트워크 공격은 AP를 찾는 것부터 시작한다. 무선 AP를 찾으려면 무선 안테나를 구입하거나 제작하여 버스를 타고 브라우징 되며, SSID는 AP에서 브로드캐스팅 된다. 대부분의 AP가 자동 IP 주소 할당으로 작동된다.

㉢ RADIUS는 무선 네트워크의 문제점에 대한 대응책으로 Livingston에서 제작되었고, 네트워킹 프로토콜로 사용자가 네트워크에 연결하고 네트워크 서비스를 받기 위한 중앙 집중화된 인증·인가·회계를 관리한다.

㉣ Ascend와 기타 다른 네트워크 장비들에 의해 사용되고, 사실상의 산업계 표준이며, IETF 표준으로 제안되었다. RADIUS와 802.1x를 이용한 무선랜 인증 과정은 클라이언트는 AP에 접속을 요청하며, AP는 무선랜 네트워크에 클라이언트가 로그인 할 때까지 접속을 차단한다.

12 전송계층 보안 프로토콜인 TLS(Transport Layer Security)가 제공하는 보안 서비스에 해당하지 않는 것은?

① 메시지 부인 방지

② 클라이언트와 서버 간의 상호 인증

③ 메시지 무결성

④ 메시지 기밀성

🔊 (Point) TLS(Transport Layer Security)란 전달되는 메일 내용을 암호화하여 비밀성을 유지하기 위해 사용하는 통신규약으로 메일을 송수신하는 과정에서 네트워크상에서 도청과 '스니핑'(네트워크상에서 자신이 아닌 다른 상대방들의 패킷 교환을 훔쳐보는 행위)을 방지할 수 있다.
TLS 프로토콜은 공개키 인증서에 의존하는 웹 환경에서 클라이언트와 서버 간의 일방향 또는 상호 인증에 필요한 기능을 포함하고 있으며, TLS에서 제공되는 기능은 메시지의 기밀성과 무결성이다.

» ANSWER

11.③ 12.①

13 다음의 지문은 무엇을 설명한 것인가?

> ㉠ 전자금융거래에서 사용되는 단말기 정보, 접속 정보, 거래내용 등을 종합적으로 분석
> 하여 의심 거래를 탐지하고 이상금융거래를 차단하는 시스템이다.
> ㉡ 보안 프로그램에서 방지하지 못하는 전자금융사기에 대한 이상거래를 탐지하여 조치를
> 할 수 있도록 지원하는 시스템이다.

① MDM
② FDS
③ MDC
④ RPO

🔊 **Point** ① 기준정보관리(MDM, Master Data Management) : 기업 비즈니스의 핵심 데이터인 기준 정보(마스터 데이터)를 생성하고 일관성 있게 유지하며 비즈니스 프로세스의 흐름에 맞춰 정확하게 관리하기 위한 기술 및 솔루션과 조직
③ 다중부호화(MDC, Multiple Description Coding) : 정보를 분할하여 부호화하는 방식. 부호화 데이터를 전송할 때 생기는 전송 채널의 에러를 최소화하고 전송 대역의 활용도를 높이기 위해 사용하는 코딩 방식
④ 목표 복구 시점(RPO, Recovery Point Objective) : 조직에서 발생한 여러 가지 재난 상황으로 IT 시스템이 마비되었을 때 각 업무에 필요한 데이터를 여러 백업 수단을 활용하여 복구할 수 있는 기준점

14 OSI참조 모델의 제7계층의 트래픽을 감시하여 안전한 데이터만을 네트워크 중간에서 릴레이하는 유형의 방화벽은?

① 패킷 필터링(packet filtering) 방화벽

② 응용 계층 게이트웨이(application level gateway)

③ 스테이트풀 인스펙션(stateful inspection) 방화벽

④ 서킷 레벨 게이트웨이(circuit level gateway)

> **Point** ② 응용 계층 게이트웨이 : OSI 7계층 모델 중 애플리케이션 계층까지 동작하며 지나가는 패킷의 헤더안의 DATA 영역까지도 체크하며 통제한다. 단점으로는 트래픽이 OSI 7계층에서 처리되기 때문에 다른 방식과 비교해서 방화벽의 성능이 떨어지며, 또한 일부 서비스에 대해서는 사용자에게 투명한 서비스를 제공하기 어렵다. 방화벽에서 새로운 서비스를 제공하기 위해서 새로운 프락시 데몬이 추가적으로 필요하기 때문에, 새로운 서비스에 대한 유연성이 떨어진다.
> ① 패킷 필터링 방화벽 : 관리자가 필터링을 위해 정의한 IP와 PORT를 목록으로 작성하여, 차단 목록을 기반으로 네트워크 계층과 전송계층에서 차단할 수 있는 필터링 기법이다.
> ③ 스테이트풀 인스펙션 방화벽 : 패킷 필터링 방식과 애플리케이션 게이트웨이 방식의 완벽한 방화벽 기능을 수행하지 못하고, 속도가 저하되는 등의 여러 가지 단점을 극복하고 장점만을 구현한 새로운 개념의 방화벽 방식이다.
> ④ 서킷 레벨 게이트웨이 : OSI 7계층 구조 중 세션 계층에 위치하며 애플리케이션 계층 사이에서 접근제어를 실시하는 방화벽을 말한다.

15 접근통제(access control) 모델에 대한 설명으로 옳지 않은 것은?

① 임의적 접근통제는 정보 소유자가 정보의 보안 레벨을 결정하고 이에 대한 정보의 접근제어를 설정하는 모델이다.

② 강제적 접근통제는 중앙에서 정보를 수집하고 분류하여, 각각의 보안 레벨을 붙이고 이에 대해 정책적으로 접근제어를 설정하는 모델이다.

③ 역할 기반 접근통제는 사용자가 아닌 역할이나 임무에 권한을 부여하기 때문에 사용자가 자주 변경되는 환경에서 유용한 모델이다.

④ Bell-LaPadula 접근통제는 비밀노출 방지보다는 데이터의 무결성 유지에 중점을 두고 있는 모델이다.

> **Point** 벨라파둘라 모델(BLP, Bell-LaPadula Cinfidentiality Model)
> ㉠ 허가된 비밀정보에 허가되지 않는 방식의 접근을 금지하는 기밀성을 강조한 모델로서 정보흐름 모델, 최초의 수학적 모델이다.
> ㉡ 정보를 극비, 비밀, 일반 정보로 구분하고 MAC 방식으로 접근을 제어한다.

>> ANSWER

14.② 15.④

16 다음 〈보기〉에서 설명하고 있는 무선네트워크의 보안 프로토콜은 무엇인가?

> 〈보기〉
>
> AP와 통신해야 할 클라이언트에 암호화키를 기본으로 등록해 두고 있다. 그러나 암호화 키를 이용해 128비트인 통신용 암호화키를 새로 생성하고, 이 암호화키를 10,000개 패킷마다 바꾼다. 기존보다 훨씬 더 강화된 암호화 세션을 제공한다.

① WEP(Wired Equivalent Privacy)
② TKIP(Temporal Key Integrity Protocol)
③ WPA-PSK(Wi-Fi Protected Access Pre Shared Key)
④ EAP(Extensible Authentication Protocol)

📢 (Point) WPA-PSK(Wi-Fi Protected Access Pre-Shared Key)
　ⓐ 802.11i 보안 표준 중 일부분으로 WEP 방식의 보안 문제점을 해결하기 위해 만들었다.
　ⓑ 암호화키를 이용해 128비트인 통신용 암호화키를 새로 생성하고 이 암호화키를 10,000개 패킷마다 바꾼다.
　ⓒ WPA-PSK는 암호화 알고리즘으로 TKIP(Temporal Key Integrity Protocol) 또는 AES알고리즘을 선택하여 사용하는 것이 가능하며, WEP보다 훨씬 더 강화된 암호화 세션을 제공한다.
　ⓓ AP에 접속하는 사용자마다 같은 암호화키를 사용한다는 점이 보안상 미흡하다.

17 「개인정보 보호법」상 공개된 장소에 영상정보처리기기를 설치·운영할 수 있는 경우가 아닌 것은?

① 범죄의 예방 및 수사를 위하여 필요한 경우

② 공공기관의 장이 허가한 경우

③ 교통정보의 수집·분석 및 제공을 위하여 필요한 경우

④ 시설안전 및 화재 예방을 위하여 필요한 경우

🔊(Point) 영상정보처리기기의 설치·운영 제한〈개인정보 보호법 제25조〉

① 누구든지 다음의 경우를 제외하고는 공개된 장소에 영상정보처리기기를 설치·운영하여서는 아니 된다.

  1. 법령에서 구체적으로 허용하고 있는 경우

  2. 범죄의 예방 및 수사를 위하여 필요한 경우

  3. 시설안전 및 화재 예방을 위하여 필요한 경우

  4. 교통단속을 위하여 필요한 경우

  5. 교통정보의 수집·분석 및 제공을 위하여 필요한 경우

② 누구든지 불특정 다수가 이용하는 목욕실, 화장실, 발한실(發汗室), 탈의실 등 개인의 사생활을 현저히 침해할 우려가 있는 장소의 내부를 볼 수 있도록 영상정보처리기기를 설치·운영하여서는 아니 된다. 다만, 교도소, 정신보건 시설 등 법령에 근거하여 사람을 구금하거나 보호하는 시설로서 대통령령으로 정하는 시설에 대하여는 그러하지 아니하다.

③ 영상정보처리기기를 설치·운영하려는 공공기관의 장과 영상정보처리기기를 설치·운영하려는 자는 공청회·설명회의 개최 등 대통령령으로 정하는 절차를 거쳐 관계 전문가 및 이해관계인의 의견을 수렴하여야 한다.

④ 영상정보처리기기를 설치·운영하는 자(영상정보처리기기운영자)는 정보주체가 쉽게 인식할 수 있도록 다음의 사항이 포함된 안내판을 설치하는 등 필요한 조치를 하여야 한다. 다만, 「군사기지 및 군사시설 보호법」에 따른 군사시설, 「통합방위법」에 따른 국가중요시설, 그 밖에 대통령령으로 정하는 시설에 대하여는 그러하지 아니하다.

  1. 설치 목적 및 장소

  2. 촬영 범위 및 시간

  3. 관리책임자 성명 및 연락처

  4. 그 밖에 대통령령으로 정하는 사항

⑤ 영상정보처리기기운영자는 영상정보처리기기의 설치 목적과 다른 목적으로 영상정보처리기기를 임의로 조작하거나 다른 곳을 비춰서는 아니 되며, 녹음기능은 사용할 수 없다.

⑥ 영상정보처리기기운영자는 개인정보가 분실·도난·유출·위조·변조 또는 훼손되지 아니하도록 제29조에 따라 안전성 확보에 필요한 조치를 하여야 한다.

⑦ 영상정보처리기기운영자는 대통령령으로 정하는 바에 따라 영상정보처리기기 운영·관리 방침을 마련하여야 한다. 이 경우 개인정보 처리방침을 정하지 아니할 수 있다.

⑧ 영상정보처리기기운영자는 영상정보처리기기의 설치·운영에 관한 사무를 위탁할 수 있다. 다만, 공공기관이 영상정보처리기기 설치·운영에 관한 사무를 위탁하는 경우에는 대통령령으로 정하는 절차 및 요건에 따라야 한다.

» ANSWER

17.②

18 「정보통신망 이용촉진 및 정보보호 등에 관한 법률」에서 규정하고 있는 내용이 아닌 것은?

① 주요정보통신기반시설의 보호체계
② 정보통신망에서의 이용자 보호 등
③ 정보통신망의 안정성 확보 등
④ 개인정보의 보호

(Point) 「정보통신망 이용촉진 및 정보보호 등에 관한 법률」의 규정사항
제1장 총칙
제2장 정보통신망의 이용촉진
제3장 삭제
제4장 정보통신서비스의 안전한 이용환경 조성
제5장 정보통신망에서의 이용자 보호 등
제6장 정보통신망의 안정성 확보 등
제7장 통신과금서비스
제8장 국제협력
제9장 보칙
제10장 벌칙

19 다음의 사이버 공격 유형과 그에 대한 〈보기〉의 설명을 바르게 연결한 것은?

> ㉠ 피싱(Phishing)
> ㉡ 파밍(Pharming)
> ㉢ 스미싱(Smishing)

> 〈보기〉
> A. 공격자가 도메인을 탈취하여 사용자가 정확한 사이트 주소를 입력해도 가짜 사이트로 연결되도록 하는 방법이다.
> B. 이메일 또는 메신저를 사용해서 신뢰할 수 있는 사람 또는 기업이 보낸 메시지인 것처럼 가장하여 신용정보 등의 기밀을 부정하게 얻으려는 사회공학기법이다.
> C. 문자메시지로 신뢰할 수 있는 사람이 보낸 것처럼 가장하여, 링크 접속을 유도한 뒤 개인정보를 빼내는 방법이다.

	㉠	㉡	㉢
①	A	B	C
②	A	C	B
③	B	A	C
④	B	C	A

(Point) ㉠ 피싱(Phishing) : 이메일 또는 메신저를 사용해서 신뢰할 수 있는 사람 또는 기업이 보낸 메시지인 것처럼 가장하여 신용정보 등의 기밀을 부정하게 얻으려는 사회공학기법이다.
㉡ 파밍(Pharming) : 공격자가 도메인을 탈취하여 사용자가 정확한 사이트 주소를 입력해도 가짜 사이트로 연결되도록 하는 방법이다.
㉢ 스미싱(Smishing) : 문자메시지로 신뢰할 수 있는 사람이 보낸 것처럼 가장하여, 링크 접속을 유도한 뒤 개인정보를 빼내는 방법이다.

>> ANSWER
19.③

20 「개인정보 보호법」상 개인정보처리자가 개인정보가 유출되었음을 알게 되었을 때에 지체 없이 해당 정보주체에게 알려야 할 사항에 해당하지 않는 것은?

① 유출된 개인정보의 항목

② 유출된 시점과 그 경위

③ 조치 결과를 행정안전부장관 또는 대통령령으로 정하는 전문기관에 신고한 사실

④ 정보주체에게 피해가 발생한 경우 신고 등을 접수할 수 있는 담당부서 및 연락처

> (Point) 개인정보 유출 통지 등〈개인정보 보호법 제34조〉
> ① 개인정보처리자는 개인정보가 유출되었음을 알게 되었을 때에는 지체 없이 해당 정보주체에게 다음 의 사실을 알려야 한다.
> 　1. 유출된 개인정보의 항목
> 　2. 유출된 시점과 그 경위
> 　3. 유출로 인하여 발생할 수 있는 피해를 최소화하기 위하여 정보주체가 할 수 있는 방법 등에 관한 정보
> 　4. 개인정보처리자의 대응조치 및 피해 구제절차
> 　5. 정보주체에게 피해가 발생한 경우 신고 등을 접수할 수 있는 담당부서 및 연락처
> ② 개인정보처리자는 개인정보가 유출된 경우 그 피해를 최소화하기 위한 대책을 마련하고 필요한 조치를 하여야 한다.
> ③ 개인정보처리자는 대통령령으로 정한 규모 이상의 개인정보가 유출된 경우에는 통지 및 조치 결과를 지체 없이 보호위원회 또는 대통령령으로 정하는 전문기관에 신고하여야 한다. 이 경우 보호위원회 또는 대통령령으로 정하는 전문기관은 피해 확산방지, 피해 복구 등을 위한 기술을 지원할 수 있다.
> ④ 통지의 시기, 방법 및 절차 등에 관하여 필요한 사항은 대통령령으로 정한다.

>> ANSWER

20.③

당신의 꿈은 뭔가요?

MY BUCKET LIST !

꿈은 목표를 향해 가는 길에 필요한 휴식과 같아요.

여기에 당신의 소중한 위시리스트를 적어보세요. 하나하나 적다보면 어느새 기분도

좋아지고 다시 달리는 힘을 얻게 될 거예요.

- [ ] _____
- [ ] _____
- [ ] _____
- [ ] _____
- [ ] _____
- [ ] _____
- [ ] _____
- [ ] _____
- [ ] _____
- [ ] _____
- [ ] _____
- [ ] _____
- [ ] _____
- [ ] _____
- [ ] _____
- [ ] _____
- [ ] _____
- [ ] _____
- [ ] _____
- [ ] _____
- [ ] _____
- [ ] _____
- [ ] _____
- [ ] _____
- [ ] _____
- [ ] _____

창의적인 사람이 되기 위해서

정보가 넘치는 요즘, 모두들 창의적인 사람을 찾죠.
정보의 더미에서 평범한 것을 비범하게 만드는 마법의 손이 필요합니다.
어떻게 해야 마법의 손과 같은 '창의성'을 가질 수 있을까요. 여러분께만 알려 드릴게요!

01. 생각나는 모든 것을 적어 보세요.

아이디어는 단번에 솟아나는 것이 아니죠. 원하는 것이나, 새로 알게 된 레시피나, 뭐든 좋아요.
떠오르는 생각을 모두 적어 보세요.

02. '잘하고 싶어!'가 아니라 '잘하고 있다!'라고 생각하세요.

누구나 자신을 다그치곤 합니다. 잘해야 해. 잘하고 싶어.
그럴 때는 고개를 세 번 젓고 나서 외치세요. '나, 잘하고 있다!'

03. 새로운 것을 시도해 보세요.

신선한 아이디어는 새로운 곳에서 떠오르죠. 처음 가는 장소, 다양한 장르에 음악, 나와 다른 분야의 사람.
익숙하지 않은 신선한 것들을 찾아서 탐험해 보세요.

04. 남들에게 보여 주세요.

독특한 아이디어라도 혼자 가지고 있다면 키워 내기 어렵죠.
최대한 많은 사람들과 함께 정보를 나누며 아이디어를 발전시키세요.

05. 잠시만 쉬세요.

생각을 계속 하다보면 한쪽으로 치우치기 쉬워요. 25분 생각했다면 5분은 쉬어 주세요.
휴식도 창의성을 키워 주는 중요한 요소랍니다.